फ़िराक़ गोरखपुरी

(28 अगस्त 1896 - 3 मार्च 1982)

फ़िराक़ गोरखपुरी बीसवीं सदी के उर्दू के एक महत्त्वपूर्ण शायर थे। हिन्दू कायस्थ परिवार में जन्मे फ़िराक़ गोरखपुरी का वास्तविक नाम रघुपति सहाय था। काफी अरसे तक इलाहाबाद विश्वविद्यालय में वे अंग्रेजी के लेक्चरर रहे और वहीं पर उन्होंने अपनी सबसे मशहूर पुस्तक *गुले-नग़मा* लिखी जिसके लिए उन्हें 1969 में ज्ञानपीठ पुरस्कार से नवाज़ा गया। इससे पहले 1960 में उन्हें साहित्य अकादमी पुरस्कार और 1968 में पद्मभूषण से सम्मानित किया गया था। उनकी शायरी में परम्परागत विषय-वस्तु से लेकर राजनीति और वर्ग-संघर्ष सभी कुछ मिलता है। उन्होंने ग़ज़ल, नज़्म, रुबाई और क़ता के अलावा उर्दू गद्य तथा साहित्यिक और सांस्कृतिक विषयों पर हिन्दी और अंग्रेज़ी में भी लिखा।

'रुबाई' छन्द अरबी भाषा से आया है और हिन्दुस्तान की ज़मीन पर इसे लोकप्रिय करने का श्रेय फ़िराक़ गोरखपुरी को जाता है। उन्होंने रुबाई को भारतीय संस्कृति में ढाला। फ़िराक़ ने खुद इन रुबाइयों के बारे में कहा है कि, ''रूप की रुबाइयों में भारतीय चेतना को वाणी और रूप देना, यही मेरा लक्ष्य रहा है।''

रूप

फ़िराक़ गोरखपुरी

ISBN : 9789350643440

संस्करण : 2017 © राजपाल एण्ड सन्ज़

ROOP (Poetry) by Firaq Gorakhpuri

राजपाल एण्ड सन्ज़

1590, मदरसा रोड, कश्मीरी गेट-दिल्ली-110006
फोनः 011-23869812, 23865483, 23867791
e-mail : sales@rajpalpublishing.com
www.rajpalpublishing.com
www.facebook.com/rajpalandsons

शायरे-आ'ज़म
'जोश' मलीहाबादी के नाम

जोश!

कुछ दिनों की बात है कि मेरठ के मुशायरे से हम तुम साथ-साथ दिल्ली आये और एक ही जगह ठहरे। रात बाक़ी थी, हम लोगों के और साथी अभी सो रहे थे लेकिन थोड़े ही से वक़्फ़े के आगे-पीछे हम तुम जाग उठे। बातें होने लगीं। तुमने मुझसे पूछा, ''फ़िराक़! तुम रुबाइयाँ नहीं कहते?'' मैंने कहा, ''कभी बहुत पहले कुछ रुबाइयाँ कही थीं, इधर तो नहीं कहीं।'' बात आयी-गयी हो गयी।

बाद में दिल्ली के इस क़याम में मेरी तुमसे अनबन भी हो गयी थी और आपस में तेज़-तेज़ बातें भी हो गयी थीं, जिसका दुःख हम दोनों को बहुत दिनों तक रहा, शायद अब तक है। तुम पूना चले गये और मैं इलाहाबाद चला आया। अब इसे वक्त की सितम-ज़रीफ़ी कहोगे या फ़ाले-नेक बताओगे कि इलाहाबाद आकर जो पहली चीज़ मुझसे हुई, वह एक रुबाई हुई, जिसमें मैंने तुम्हीं को सम्बोधित किया और दिल्ली में हो जाने वाली उसी अनबन की ओर संकेत किया, रुबाई यह थी—

मासूम .खुलूसे-बातिनी कुछ भी नहीं

वो क़ुर्ब, वो क़द्रे-बाहमी कुछ भी नहीं

एक रात की वो झड़प, वो झकझक, सब कुछ

और आठ बरस की दोस्ती, कुछ भी नहीं

यह रुबाई रूप की इन रुबाइयों का शगुन थी। इसे कहने के दो हफ़्तों के अन्दर अन्दाज़न सौ रुबाइयाँ हो गयीं, जो दो महीनों में बढ़कर साढ़े तीन सौ की संख्या तक पहुँच गयीं। इसी 'आठ बरस की दोस्ती' की याद में जो एक इज़तरारी

कमज़ोरी के ज़ेरे-असर थोड़ी देर के लिए 'कुछ भी नहीं' हो गयी थी अब ये तराने आज रूप के नाम से छप रहे हैं—

इन्तिहाई   .ख़ुलूसो-मुहब्बत   से
तुम्हें   समर्पित   करता   हूँ।
अगर तुम अब भी मुझसे साफ़ नहीं हुए
तो   भी   मैं   नाउम्मीद   नहीं।
मय   बाक़ियो-माहताब   बाक़ीस्त
मा   राब   तो   सद   हिसाब   बाक़ीस्त

(शराब बाक़ी है और चाँदनी बाक़ी है और अभी मेरे-तेरे बीच सैकड़ों हिसाब बाक़ी हैं।)

—'फ़िराक़' गोरखपुरी

रूप के बारे में

दुनिया में सबसे महान् विश्वयुद्ध सन् 1939 से जून 1945 तक चलता रहा। उस युद्ध के अंतिम कुछ महीनों में एक दिन अकस्मात् मुझसे एक ऐसी रुबाई की रचना हो गयी जिसका मुख्य विषय मानवीय सौन्दर्य और प्रेम था। मैं उन दिनों काफ़ी दुःखी था और मेरी चेतना और कल्पना-शक्ति बहुत उलझ और बिखर गयी थी। कविता की पूरी-पूरी इकाई और उसकी सम्पूर्णता या अखंडता का गुण अक्सर यह धोखा दे सकता है कि कवि की वास्तविक अवस्था भी उतनी ही केन्द्रित, उतनी ही सुलझी हुई और उतनी ही सम्पूर्ण रही होगी जिससे ऐसी एकाग्रता और सम्पूर्णता-युक्त रचना हो सकी। लेकिन शायद यथार्थ ऐसा नहीं है। कदाचित् एक पूरी इकाई रखने वाली काव्य रचना भी परेशानियों की देन होती है या परेशानियों से लड़कर और उन पर विजय प्राप्त करके रूप धारण करती है।

जिन दिनों में रूप की रुबाइयाँ लिखी गयीं, मैं बहुत परेशान था। उन दिनों मेरा एक प्रेम चल रहा था और माशूक से मेरा सम्बन्ध बहुत उखड़ा-उखड़ा था और बहुत झटके और झकोले और हिचकोले खाने और खिलाने वाली अवस्था पैदा किए हुए था। मैं टुकड़े-टुकड़े हो रहा था। लेकिन मालूम नहीं कैसे-कहाँ से सौन्दर्य-प्रेम और सौन्दर्य-चेतना अन्दर-ही-अन्दर सुदृढ़ और बलवती होती गई। उन दिनों मैं खो गया था। लेकिन जितना ही खोता जा रहा था उतना ही अपने आपको पा रहा था। थोड़े शब्दों में यूँ ही कहूँगा कि रूप की लगभग चार सौ रुबाइयाँ एक सिर से पैर तक हिला देने वाले भूकंप की देन हैं या एक मिटा देने वाली परीक्षा या आज़माइश से बाल-बाल बच जाने की मिसालें हैं। कलाओं में अक्सर ज़िन्दगी या कुशलता उस हालत में अकस्मात् प्राप्त होती है जब कलाकार मौत की मंज़िलों से गुज़र रहा हो या विषफल की आज़माइशों से गुज़र रहा हो। हर नया जन्म मौत की आज़माइशों से किसी तरह बच निकलने का नाम है, लेकिन उस प्राण-पीड़ा

का फल अमरत्व का फल होता है। ईसाई धर्म में crucifixion और resurrection की कल्पना इसी संतुलन की ओर संकेत करती है।

प्रतिदिन दो-दो, तीन-तीन रुबाइयों से लेकर पाँच-पाँच, छह-छह रुबाइयाँ तक बनती गयीं। यहाँ तक कि लगभग सौ दिनों के अन्दर इस संग्रह की अंतिम रुबाई बन गयी और ये रुबाइयाँ एक पूरी किताब बन गयी। कला में निर्गुण और निराकार सगुण और साकार के रूप में अवतरित होता रहता है, इसी से इस संग्रह का नाम मैंने 'रूप' रखा।

इस संग्रह में साढ़े तीन सौ से कुछ ज़्यादा रुबाइयाँ हैं। न जाने कैसे ये रुबाइयाँ अत्यंत दुःखी दिनों में मुझसे हो गयीं। शायद मेरी आत्मा मेरे दुःखों से छुटकारा चाहती थी। मुझे ऐसा मालूम होता है कि हर जीवन में कुछ खुली और ज्ञात प्रेरणाएँ होती हैं, कुछ अर्द्धज्ञात आकांक्षाएँ और प्रेरणाएँ होती हैं और कुछ अज्ञात प्रेरणाएँ होती हैं। इन अज्ञात प्रेरणाओं का स्रोत हर जीवन के शुद्ध आदर्शों में से होता है। जैसे पराधीन भारत की स्वतंत्रता की प्रेरणा एक ऐसे व्यक्ति में हो जो ज्ञात और अर्द्धज्ञात रूप से किसी सुन्दरी के प्रेम में फँस गया हो या धन कमाने की इच्छा रखता हो या ऐसी ही कुछ और प्रेरणाओं में फँस गया हो। ऐसा व्यक्ति देश की स्वतंत्रता के प्रति कुछ न करके दूसरी प्रेरणाओं को पूरा करने में लगा रहे, लेकिन ऐसे मौके आ जायें कि उसकी ज्ञात और अर्द्धज्ञात प्रेरणाएँ पूरी न हों और वह अपने को तड़पता पाये और ठीक इसी समय देश की स्वतंत्रता का संग्राम ज़ोर पकड़ ले। ऐसे अवसरों पर ऐसा व्यक्ति सब कुछ छोड़कर या त्यागकर आज़ादी की लड़ाई के अग्निकुंड में कूद पड़ेगा और अपने वास्तविक परंतु अज्ञात आदर्शों, लक्ष्यों या प्रेरणाओं को पूरा करने में तल्लीन हो जायेगा तो मेरी आंतरिक या अज्ञात प्रेरणा यह थी कि उर्दू-साहित्य में भारतीय संस्कृति की शुद्धतम और वास्तविक प्रेरणाएँ एक नयी चेतना प्रदान करें और इस तरह उर्दू-साहित्य में एक नई सौन्दर्य-चेतना जन्म ले और स्थापित हो जाए। मैं बड़ी सूक्ष्म बात कह रहा हूँ। जब 'रूप' की रुबाइयाँ जन्म ले रही थीं, मेरे एक काव्य-प्रेमी, कविता और साहित्य प्रेमी मुसलमान कलाकार ने चाहा और बहुत चाहा कि कुछ रुबाइयों को चित्रित कर दें। वह कुछ ऐसे चित्र बना भी लाये, लेकिन हर चित्र में स्त्री का चेहरा हिन्दू स्त्री का चेहरा मालूम ही नहीं होता था। लेकिन इन्हीं रुबाइयों को जब प्रयाग विश्वविद्यालय के एक हिन्दी अध्यापक और चित्रकार ने चित्रित किया तो प्रत्येक चित्र में सुन्दरी एक ही समय हिन्दू स्त्री और देवी मालूम होती थी। अगर मेरी बात अब भी समझ में न आयी हो तो माननीय पाठकों से यह कहूँगा कि महात्मा बुद्ध की वे तस्वीरें और मूर्तियाँ ध्यान में लायें जिनकी रचना भारत

में हुई है और वे दूसरी तस्वीरें और मूर्तियाँ भी ध्यान में लायें जो बर्मा, चीन, जापान तथा अन्य दूसरे मंगोल देशों में बनी हुई हैं। अन्तर फौरन मालूम हो जायेगा। यही हाल ईसा या क्राइस्ट की तस्वीरों या मूर्तियों का हुआ है। गंगा नदी, हिमालय, भारत का साधारण निवासी, भारत का घरेलू जीवन, भारत के प्रेम गीत और लोकगीत ये सब उर्दू साहित्य में भरे पड़े हैं, लेकिन इनका वातावरण बदल गया है। एक सूक्ष्म अन्तर पैदा हो गया है जो हमें असन्तुष्ट रखता है। मैंने तो यहाँ तक अनुभव किया है कि हमारे देश के लाखों मुसलमानों की आत्मा और चेतना में अल्लाह, पैगम्बर और अनेक शुद्धतम मुस्लिम विषय इस तरह फिर से पैदा हुए हैं कि उनका भारतीयकरण हो गया है। जब मौलाना शिबली ने अपनी प्रसिद्ध पुस्तक *शेरुल अजम* में खुसरो, गनी, मिर्ज़ा बेदिल और दूसरे मुसलमान फ़ारसी कवियों की समालोचना की तो साफ़-साफ़ लिख दिया कि इनकी रचनाओं में भारतीय चीज़ों का नाम लिये बिना एक ऐसी भारतीयता आ गयी है जो ईरान के बड़े-से-बड़े फ़ारसी कवियों, जैसे सादी हाफिज़ इत्यादि के यहाँ नहीं मिलती। भारत में तो ईसाई, फ़ारसी, एंग्लो इण्डियन, नास्तिकों तक में एक व्यापक भारतीयता है, अगर हम उसका अनुभव कर सकें। यह भारतीयता अपनी बाहरी सूरत में तो उर्दू-साहित्य में साफ़-साफ़ नज़र आती है और कदम-कदम पर नज़र आती है लेकिन इसमें वह आंतरिकता नहीं है। इसी आंतरिकता, भारतीय आत्मा की इसी आख़िरी धड़कन और आंतरिक बू-बास को वाणी देना या मुखरित करना, साकार बनाना या चित्रित करना रूप की रुबाइयों में मेरा लक्ष्य रहा है। उर्दू गद्य में यह काम अपने तरीके पर तो प्रेमचन्द ने किया था। मेरा मिज़ाज अधिक दार्शनिक था और कुछ गहरे मनन और चिंतन की तरफ़ था। भारतीयता भी तह-दर-तह चीज़ है। मिसाल के तौर पर बंकिमचन्द्र चटर्जी, रमेश चन्द्र दत्त, शरत् चन्द्र, रवीन्द्रनाथ टैगोर और आनंद कुमार स्वामी की रचनाओं में जो भारतीयता है वह एक ही भारतीयता की अलग-अलग छटाएँ हैं। वेदांत के सिद्धान्तों के प्रचार में भी एक स्वर रामतीर्थ का है, दूसरा विवेकानन्द का, तीसरा अरविंद घोष का और वेदांत का प्रचार न करते हुए भी राममोहन राय की आवाज़ है। इन सबके अन्तःस्तल से भारतीयता झाँक रही है। यह प्रसंग बहुत विस्तृत हो जायेगा इसलिए फिर अपनी बात को दोहरा देता हूँ कि रूप की रुबाइयों में भारतीय सौन्दर्य-चेतना को वाणी और रूप देना यही मेरा लक्ष्य रहा है।

अब से लगभग चालीस बरस पहले रूप के प्रथम प्रकाशन के समय उर्दू में धीरे-धीरे इन रुबाइयों पर इन्हें पढ़ने वाले मुसलमानों की नज़र गयी। पहले तो ये लोग कुछ बिदके। कुछ ने तो यहाँ तक कह दिया कि फ़िराक़ उर्दू के लिए

एक मुस्तकिल ख़तरा है और उर्दू की आत्मा का भारतीयकरण कर रहा है। ये सब सज्जन मेरे परम मित्र थे, लेकिन *रूप* की रुबाइयों से घबरा उठे थे फिर धीरे-धीरे लगभग बीस पच्चीस बरस के अन्दर कुछ लोग स्वीकृति की ओर आने लगे यहाँ तक कि *रूप* की रुबाइयों का अनुकरण भी आरम्भ हो गया। मेरे परम मित्र और प्रशंसक डॉ. सलाम संदीलवी ने *शाम और शफ़क़* के नाम से रुबाइयों का संग्रह प्रकाशित किया। लेकिन जो प्रकृति-चित्रण या प्रकृति-चेतना, *रूप* में है केवल उसके छिलके या उसकी छीलन *शाम और शफ़क़* की रुबाइयों में मिलती है, गूदा नहीं मिलता, असली बात नहीं मिलती। फिर मेरे गहरे मित्र उर्दू के मशहूर शायर जिनका, हाल ही में देहान्त हो गया अर्थात् जाँ निसार अख़्तर ने *घर आँगन* के नाम से सैकड़ों रुबाइयों का संग्रह प्रकाशित कर दिया। ये रुबाइयाँ सच्ची होते हुए भी स्त्रीत्व के उस भेद को नहीं पा सकीं जो *रूप* की रुबाइयों में छलक रहा है और *घर-आँगन* की रुबाइयों में औरत का ऐसा चित्रण है कि यह संग्रह शौहरनामा होकर रह गया है। मुस्लिम कल्चर बहुत ऊँची चीज़ है और पवित्र चीज़ है, मगर उसमें प्रकृति, बाल-जीवन, नारीत्व का यह चित्रण या घरेलू जीवन की वह बू-बास नहीं मिलती, वे जादू भरे भेद नहीं मिलते, जो हिन्दू कल्चर में हमें मिलते हैं। कल्चर की यही धारणा हिन्दू घरानों के बर्तनों में, यहाँ तक कि मिट्टी के बर्तनों में, दीपकों में, खिलौनों में, यहाँ तक कि चूल्हे-चक्की में, छोटी-छोटी रस्मों में और हिन्दू की साँस में इसी की ध्वनियाँ, हिन्दू लोक-गीतों को अत्यंत मानवीय और स्वर्गीय संगीत बना देती है।

बाबुल मोर नइहर छुटल जाये
ऊ ड्योढ़ी परबत भई, आँगन भयो विदेस

यह तो हमें गालिब भी नहीं दे सके, इकबाल भी नहीं दे सके, चकबस्त भी नहीं दे सके। इधर आइये, तो *रूप* की रुबाइयों में भारतीयता किस तरह साँस ले रही है, इसका कुछ-कुछ अन्दाज़ा होगा।

हिन्दू संस्कृति किसी एक अवतार या पैगम्बर या धार्मिक ग्रन्थ की देन नहीं है। यह संस्कृति सम्पूर्ण भारत के सामूहिक जीवन से क्रमशः उगी है। भौतिकता और अध्यात्म का समन्वय इस संस्कृति की विशेषता है।

मुझे याद पड़ता है कि मैं अपने बचपन में मामूली से मामूली चीज़ देखकर किसी अकथनीय प्रेरणा से विह्वल हो जाया करता था। जैसे चूल्हा, चक्की, पानी से भरे हुए मिट्टी के घड़े, दीवारों पर बने हुए ताक, मिट्टी के घरौंदे, मूँज की बनी हुई

टोकरियाँ, खाना पकाने के बर्तन और ऐसी ही मामूली चीज़ें। घर से बाहर कुछ खेत थे जो हम लोगों के नहीं थे। उनमें उगती हुई सब्ज़ियाँ, क्यारियों में बहता हुआ पानी, ढेकुल और उगते हुए अनेक फल-फूल, ये सब मुझको एक अकथनीय और अनुपम अवस्था में डाल देते थे। जानवर और उनके बच्चे, डाल पर बैठी हुई या उड़ती हुई चिड़ियाएँ और उनके बच्चे, साधारण स्त्री-पुरुषों के गाये हुए लोक-गीत या उनकी सुनाई हुई लोक-कथाएँ; सारांश यह कि रास्तों में पड़े हुए ठीकरों से लेकर सूरज और चाँद तक कोई ऐसी वस्तु थी ही नहीं जो मुझे निमग्न न कर दे। यों बुद्धवाद के अनुसार या किसी और दृष्टि से इन चीज़ों में या इनसे अरब गुना चीज़ों में भी धरा ही क्या था! यही दिव्यता, हृदयग्राह्यता, अकथनीय मान्यताओं की अनुभूति, साधारण में असाधारण की झलक यही अपनत्व शायद हिन्दू संस्कृति का रहस्य है। दूसरे मामलों में तो हिन्दू संस्कृति और विश्व संस्कृति सब एक-सी संस्कृतियाँ हैं। मैं बहुत बीमार पड़ा था। उसी समय मेरा एक भारतीय शिष्य जो अब अमेरिका में दर्शन का अध्यापक है, दो अमेरिकन महिलाओं के साथ मुझसे मिलने आया। मैंने उन महिलाओं से पूछा कि ''आप लोग बिलकुल हिन्दू भेष में आयी हैं। हिन्दू जीवन या हिन्दू संस्कृति में आपने सबसे आकर्षक और बहुमूल्य क्या बात पायी'', तो इन लड़कियों ने जवाब दिया, ''स्वीकृति या Acceptance।'' एक अमेरिकन नौजवान मुझे एक बार भदोही स्टेशन के निकट नज़र आया। मेरे साथ मेरे शिष्य और मित्र श्री रमेशचन्द्र द्विवेदी भी थे, जो रेल के डिब्बे से उतरकर उस अमेरिकन नौजवान से थोड़ी देर के लिए मिल चुके थे जिसने उन्हें बताया था कि वह अमेरिका के जीवन से ऊबकर भारत चला आया है और यह भी बताया कि गंगा-स्नान करते वक्त जो प्रभात की छटा वह देखता है या उसकी आन्तरिकता का चुपचाप अनुभव करता है उस आत्मीयता की अनुभूति उसे अमेरिका के दस हज़ार गिरजाघरों में भी नहीं मिली है। इन दो छोटी-छोटी घटनाओं में कोई समझना चाहे तो हिन्दू संस्कृति का भेद समझ सकता है या उसका अन्तःकरण देख सकता है।

रूप की रुबाइयों में मैंने आपबीती कहकर सौन्दर्य का वर्णन नहीं किया है। ऐसा वर्णन मेरे दूसरे निबन्ध काव्य *हिंडोला* में आपको मिलेगा। या मेरी उन सौ दूसरी रुबाइयों में मिलेगा जो भारत के सम्बन्ध में मैंने कही हैं और जो मेरे दूसरे संग्रहों में छप चुकी हैं।

मैंने अनुभव किया है कि अनेक विदेशी सज्जन, स्त्री-पुरुष भी और भारतीय मुसलमान भी हिन्दू कल्चर से स्वाभाविक ढंग से बिना किसी बाहरी दबाव के,

गीतों से, नहान के मेलों से, त्यौहारों से, *रामायण* और *महाभारत* की कथाओं से, लोक-गीतों से बहुत आकर्षित और प्रभावित हुए हैं। हिन्दू संस्कृति को मानवीय संस्कृति समझने लगे हैं। एक ऐसा स्वर्गीय जीवन जिसमें घरेलूपन भी हो इसी की कल्पना हिन्दू संस्कृति में है। लेकिन उर्दू कविता में भारतीयता की हज़ारों सुन्दर-से-सुन्दर झलकियाँ तो खुद मुसलमानों ने दिखाई हैं। यह सब होते हुए भी मानवता और दिव्यता का संगम इन कविताओं में नहीं मिलता। भारतेन्दु हरिश्चन्द्र के बाद से जो खड़ी बोली हिन्दी कविता में लिखी गयी है उसमें भी वह भारतीयता ढूँढने से भी नहीं मिलती जिसे रूप की इन रुबाइयों में मैंने मुखरित और चित्रित करने की कोशिश की है। उसका रोना कहाँ तक रोया जाये!

रूप की रुबाइयों में मैंने यही किया है कि कविता की चाँदनी में रूप की हर रुबाई में ताजमहल या संसार के सुन्दर-से-सुन्दर किसी दृश्य की पूरी झलक मिल जाये। जब हम भारतीय संस्कृति का ज़िक्र करते हैं तो हमें यह नहीं भूलना चाहिए कि संस्कृति केवल भारतीय हुआ करती है, न कि केवल हिन्दू या मुस्लिम हुआ करती है। वृक्षों तक में संगीत से प्रभावित होने का सबूत मिलता है। साँप और दूसरे जीव-जन्तु सांस्कृतिक प्रतिक्रियाओं का सबूत देते हैं। अब से लगभग दस लाख बरस पहले मनुष्य इस धरती के किसी हिस्से पर अभी नहीं आया था तो अनेक दूसरे जीव-जन्तुओं का एक जीवन और उनकी एक सभ्यता और संस्कृति प्रचलित रह चुकी है। आज भी शहद की मक्खियों और चींटियों तक में एक सभ्यता और संस्कृति की जगमगाती मिसालें हमें मिलती हैं। सभ्यता और संस्कृति सार्वभौमिक और सर्वव्यापी हैं। प्रत्येक संस्कृति में अपने नक्शे और रूपरेखाओं के अतिरिक्त, एक विश्वव्यापी और सर्वमान्य आकर्षण होता है। मैंने रूप की रुबाइयों में भारतीयता को इस तरह प्रस्तुत करना चाहा है कि वह भारतीय होते हुए भी मानवीय मालूम हो। जब लाखों मुसलमान विद्यार्थी धीरे-धीरे रूप की रुबाइयों से प्रभावित होने लगे तो कहने लगे कि ऐसी ही कविता का तो हमें इन्तज़ार था। कविता पढ़ने, सुनने और उससे प्रभावित होने में शब्दों में, पंक्तियों के टुकड़ों में और पंक्तियों में जो ध्वनि है या ताल-सी है उनसे एक गुप्त ढंग से ही प्रभावित हुआ जा सकता है। क्या एक या दो मिसालें भी दे सकता हूँ?

लहरों में खिला कंवल नहाये जैसे
दोशीज़िये-सुब्ह गुनगुनाये जैसे
ये कोमल रूप का सुहानापन-आह!
बच्चा सोते में मुस्कुराये जैसे।

हर अंग के ज़ाखिये, लचकते महै नौ,
कामत का तनाव, थरथराती हुई लौ,
सीने की दमक में सुब्हे जन्नत का तुलूअ
महरम के घाट पर वो फटती हुई पौ।

मैं यही कहूँगा कि इन दो रुबाइयों को पढ़ते हुए और रूप की दूसरी रुबाइयों को पढ़ते हुए भी शब्दों का संकलन और उनकी ध्वनियों के आकर्षण पर ध्यान दीजिए तो इन रुबाइयों के शब्द-चित्रण का कुछ अनुमान हो जायेगा। सौन्दर्य को ध्वनियों में उतारना बड़ा मुश्किल काम है और रूप की रुबाइयों की रचना में यही मेरा प्रयास रहा है। शब्द चित्रण से केवल यही नहीं होता कि हमें एक अकथनीय आनन्द प्राप्त हो जिसे हम ब्रह्मानन्द सहोदर कहते हैं, बल्कि हमारा आन्तरिक चरित्र, हमारी विश्वचेतना भी शब्द चित्रण से या सफल साहित्यिकता से रच उठती है। हम स्वयं सज उठते हैं। लेकिन शर्त यह है कि शब्द-संकलन में सरलता, सुगमता, स्वाभाविकता भी हो। कविता में जो हिस्सा स्वाभाविक नहीं है उसे हम सुन्दर कह ही नहीं सकते। हिन्दी के एक कट्टर तरफ़दार ने निहायत तमतराक और धूमधाम से कहा कि साहित्य की भाषा तरकारी खरीदने की भाषा नहीं है, लेकिन मनुष्य का जीवन भी और मनुष्य की बोलचाल भी केवल तरकारी खरीदने की भाषा नहीं होती। तरकारी खरीदने से, किराये पर रिक्शा करने की भाषा से, सम्बन्धियों के परस्पर बातचीत की भाषा, पारिवारिक जीवन की भाषा, लेन-देन की भाषा, दफ़्तर की भाषा, कारखाने की भाषा, जीवन के अनगिनत अवसरों की भाषा, इन भाषाओं से अलग कोई साहित्यिक भाषा हो नहीं सकती, ठेठ मानवता की भाषा ही से जगमगाती हुई साहित्यिक भाषा बन सकती है।

मेरी कल्पना और मेरी शक्ति की माँग हमेशा यही रही है कि जो काव्य रचना करूँ वह अत्यन्त स्वाभाविक भाषा में हो। उच्चतम साहित्य का भी खज़ाना अपरम्पार बन चुका है और यह उच्चतम साहित्य केवल संस्कृत में नहीं है। यूनानी भाषा, लातीनी भाषा, योरोप की अनेक वर्तमान भाषाएँ, अरबी, फ़ारसी भाषा, चीन और जापान की भाषाओं में भी उच्चतम साहित्य की ध्वनियाँ सुनाई दे जाती हैं। मैं इतनी सारी भाषाएँ नहीं जानता लेकिन अंग्रेज़ी भाषा और साहित्य का भला हो जिसके द्वारा उच्चतम विश्व-साहित्य उस समय से मेरे अन्दर रच-बस उठा है जब मैं जवान था। मेरा जीवन इतना दुःखी रहा है कि अगर उच्चतम साहित्य ने मुझे सँभाला न होता तो शायद मैं आत्महत्या कर लेता, पागल हो जाता या न जाने

क्या हो जाता। जहाँ अनेक योग हैं वहाँ कला और साहित्य को भी एक योग ही मानना चाहिए। कला-साधना योग-साधना है।

साहित्य और दूसरी कलाएँ सौन्दर्य-चेतना प्राप्त और ग्रहण करने के लिए ही पैदा की गयी हैं और जिसे हम संस्कृति कहते हैं उसकी सच्ची-से-सच्ची साधना और कलाओं की तरह साहित्य में भौतिक, सांसारिक और परिचित सत्य दिव्यता और अलौकिकता प्राप्त कर लेता है जैसा एक जगत्-प्रसिद्ध अंग्रेज़ी कविता में कहा गया है—

To see a world in a grain of sand
A heaven in a wild flower
Hold divinity in the palm of your hand
And eternity in an hour

रूप की रुबाइयों में मैंने अलौकिक का लौकिक और लौकिक का अलौकिक अर्थात् सांसारिक की अलौकिक चेतना प्राप्त करने और परिणत करने की साधना की है। रूप—पहले उर्दू में, फिर नागरी लिपि में प्रकाशित हुई थी। कला प्रेमी लोग भी बहुत जल्दी में रहते हैं। इसलिए बहुत दिनों तक कुछ ही लोगों की नज़र रूप की रुबाइयों पर जम सकी, क्योंकि साहित्य-संसार भी एक जल्दबाज़ संसार है। उमर खय्याम की रुबाइयों का फिट्ज़गेरल्ड द्वारा अंग्रेज़ी अनुवाद भी रद्दी की टोकरी में बिक गया था। बाद में उसका डंका बज गया। रूप की रुबाइयाँ भी बहुत धीरे-धीरे लोगों की नज़र और दिलों को अपनी ओर खींच सकीं। अब ये रुबाइयाँ फिर राजपाल एण्ड सन्ज़ प्रकाशित कर रहा है। साहित्य संसार का मौसम यों तो क्षणिक हुआ करता है, लेकिन कभी-कभी वह युग-युगान्तरों को अपनी मुट्ठी में समेट लेता है। मैं कह नहीं सकता कि साहित्यिक मौसम का यह मध्यान्तर इन रुबाइयों के लिए आ गया है या नहीं।

विदा लेते समय मुझे यह निवेदन करना है कि इन रुबाइयों की रचना और उनकी काट-छाँट करने में और शुद्ध पाण्डुलिपि तैयार करने में मुझे सबसे बड़ी मदद सिर्फ़ अपने शिष्य, मित्र और सहयोगी श्री रमेशचन्द्र द्विवेदी से प्राप्त हुई है। मेरी साहित्यिक रचनाएँ प्रेस के लिए तैयार ही नहीं हो पातीं अगर वह मेरा हाथ न बँटाते।

इलाहाबाद   —रघुपति सहाय
24 मई, 1979

रुबाई की कला

रुबाई अरबी भाषा का शब्द है। अरबी में चार की संख्या को अरबा कहते हैं। रुबाई में चार पंक्तियाँ होती हैं। प्रायः पहली, दूसरी और चौथी पंक्ति का तुकान्त क़ाफ़िया समान होता है और तीसरी पंक्ति तुकान्त से मुक्त होती है। कभी-कभी चारों पंक्तियों का समान तुकान्त होता है।

रुबाई का एक विशेष छन्द होता है, लेकिन उसमें सूक्ष्म परिवर्तन कर देने से बारह छन्द निकल आते हैं। निम्नलिखित शब्द या कल्पित पंक्तियाँ रुबाई के छन्द में हैं–

आओ आओ अवश्य आओ

या

अब तक उनसे न भेंट होने पायी

रुबाई की चारों पंक्तियाँ एक सम्पूर्ण कविता होती हैं और पहली ही पंक्ति से रुबाई अपनी प्रत्येक पंक्ति द्वारा लहरों की तरह उठती है और चौथी पंक्ति में अंतिम लहर तट को चूम लेती है।

प्रसिद्ध फ़ारसी कवि सायब ने रुबाई की पहली दो पंक्तियों को महबूब की दो भवें बताया है और तीसरी और चौथी पंक्ति को महबूब की भीगी हुई मसें बताया है। अर्थात् रुबाई का सौन्दर्य तीसरी और चौथी पंक्तियों में बहुत चमक उठता है और यह पंक्तियाँ मनमोहनी होती हैं। उर्दू के सौ कवियों में एक-आध ही कवि ने रुबाई कही है; क्योंकि रुबाई की कला बहुत कोमल, सूक्ष्म और जटिल होती है। रुबाई कहना हर कवि के बस का काम नहीं है। ग़ालिब और इक़बाल भी इस मैदान में हमें उच्चकोटि की कृतियाँ नहीं दे सके। फ़िराक़ की गिनती इने-गिने सिद्धहस्त रुबाई कहनेवालों में है। रुबाई को ईरान में तराना भी कहते हैं क्योंकि रुबाई संगीतपूर्ण होती है।

हर जलूवे से इक दर्से-नमू[1] लेता हूँ
लबरेज़[2] कई जामो-सुबू लेता हूँ
पड़ती है जब आँख तुझपे ऐ जामे-बहार[3]
संगीत की सरहदों को छू लेता हूँ

रस की आवाज़ है कि अमृत की फुवार
ये रूप कि प्यार की हो जैसे चुमकार
ये लोच, ये धज, ये मुस्कुराहट, ये निगाह
ये मौजे-नफ़स[4] कि साँस लेती है बहार

इनसान के पैकर में उतर आया है माह[5]
क़द या चढ़ती नदी है अमृत की अथाह
लहराते हुए बदन पे पड़ती है जब आँख
रस के सागर में डूब जाती है निगाह

क़ामत[6] है कि अँगड़ाइयाँ लेती सरगम
हो रक़्स में जैसे रंगो-बू का आलम
जगमग जगमग है शबनमिस्ताने-इरम[7]
या क़ौसे-क़ुज़ह[8] लचक रही है पैहम

---

1. विकसित होने का पाठ 2. परिपूर्ण 3. मदिरापात्र 4. श्वास-लहरी 5. चाँद 6. शरीर
7. स्वर्ग-वाटिका 8. इन्द्रधनुष

निखरा हुआ रंग, क्या सुहाना है समय
बल खाता रूप, कि गुनगुनाती हुई नय[1]
हर अज़्व[2] की नर्म लौ में मद्धम झँकार
पौ फटते ही भैरवी की आने लगी लय

नज़रों की शुआओं में[3] सिवाती की फुवार
ज़ुल्फ़ों की घटा में मौजे-अब्रे-कुहसार[4]
वो जाने-वफ़ा तमाम दिल ही दिल है
सर ता-ब-क़दम[5] है आया हुआ प्यार

आइनये-नीलगूँ से[6] फूटी है किरन
आकाश पर अधखिले कंवल का जोबन
यूँ ऊदी फ़िज़ा में लहराती है शफ़क़[7]
जिस तरह खिले तेरे तबस्सुम का चमन

है रूप में वो खटक, वो रस, वो झँकार
कलियों के चटकते वक़्त जैसे गुलज़ार
या नूर[8] की उँगलियों से देवी कोई
जैसे शबे-माह[9] में बजाती हो सितार

---

1. बाँसुरी 2. अंग 3. क़िरनों में 4. पर्वतमाला के बादल की लहर 5. सिर से पाँव तक
6. हल्के नीले रंग के आईने से 7. सांध्य-लालिमा 8. प्रकाश 9. चाँद रात

ख़ामोश निगाह के तकल्लुम[1] की क़सम
इस साज़े-जमाल[2] के तरन्नुम[3] की क़सम
कलियाँ सी चटक रही हैं सीने में तमाम
महके हुए शबनमी तबस्सुम की क़सम

ख़ामोश फ़िज़ा साफ़ चमक जाती है
बिजली कोई लहरा के लपक जाती है
अमृत की फुवार है कि नवरस आवाज़
या पिघली हुई सुबह छलक जाती है

रग-रग की लचक में पेंग लेती है बहार
गरदिश में निगाह, सात रंगों की फुवार
सदहा[4] महो-ख़ुरशीद[5] बरस जाते हैं
बे लाग हँसी की ये सुनहरी बौछार

ये नुक़रई[6] आवाज़! ये मुतरन्निम[7] ख़्वाब
तारों पे पड़ रही हो जैरो मिज़राब
लहजे में ये खनक, ये रस, ये झँकार
चाँदी की घंटियों का बजना तहे-आब[8]

---

1. सम्बोधन 2. सौन्दर्य रूपी साज़ 3. संगीत 4. सैकड़ों 5. चाँद-सूरज 6. रजत 7. मधुर
8. पानी की तह में

आवाज़ पे संगीत का होता है भरम
करवट लेती है नर्म लय में सरगम
ये बोल सुरीले थरथराती है फ़िज़ा
अनदेखे साज़ का खनकना पैहम[1]

महताब[2] में सुर्ख़ अनार जैसे छूटे
या क़ौसे-क़ुज़ह[3] लचक के जैसे टूटे
वो क़द है कि भैरवी सुनाये जब सुब्ह
गुलज़ारे-शफ़क़[4] से नर्म कोंपल फूटे

बर रूए-सहर[5] हया की लहरें हैं कि रंग
ख़ूने-अंजुम[6] की उठती मौज़ें हैं कि रंग
जैसे तहे-आब[7] हो चरागां का समाँ
ये रंगिनियों के दिल की चोटें हैं कि रंग

रंगत हैं कि घुँघरुओं की मद्धम झँकार
जोबन है कि पिछली रात बजता है सितार
सरशार[8] फ़िज़ाओं की रगें टूटती हैं
चटकाता है उँगलियाँ जवानी का ख़ुमार

---

1. निरन्तर 2. चाँद 3. इन्द्रधनुष 4. सांध्य-लालिमा के बाग़ 5. सुबह के मुखड़े पर
6. सितारों के ख़ून 7. पानी की तह में 8. उन्मत्त

वे पिछली रात रसमसाई सी फ़िज़ा
परदा फ़ितरत के रुख से[1] सरका सरका
तारों की छाँव में झमकता हुआ रूप
जैसे   वक्ते-तुलूअ[2]   कंचन   जंघा

ये रूप के गिर्द सात रंगों की फुवार
जैसे मद्धम सुरों में खुद गाये मल्हार
पड़ता है फ़िज़ा में अक्से-जिस्मे-रंगीं[3]
या क़ौसे-क़ुज़ह[4] में झिलमिलाते हैं शरार

वो बादे-सहर[5] का रस में डूबा हुआ राग
चुटकी में लिया कंवल ने दरिया का सुहाग
महके हुए गात से हैं लिपटी जुल्फ़ें
संदल के वन में जैसे माते हुए नाग

ये चेहरा खिला हुआ ये महके हुए होंठ
ये गेसुओं की लपट ये लहके हुए होंठ
ये ताज़ादमी, ये मुस्कुराहट, ये नशात[6]
साँसों की ठंडी लौ से दहके हुए होंठ

---

1. मुख से 2. सूर्योदय के समय 3. सुन्दर शरीर का प्रतिबिम्ब 4. इन्द्रधनुष 5. प्रभात समीर
6. आनन्द

चेहरा देखे तो रात ग़म की कट जाय
सीना देखे तो उमड़ा सागर हट जाय
साँचे में ढला हुआ ये शाना[1], ये बग़ल
जैसे गुले-ताज़ा[2] खिलते-खिलते फट जाय

वो पेंग है रूप में कि बिजली लहराय
वो रस आवाज़ में कि अमृत ललचाय
रफ़्तार[3] में वो लचक पवनरस बल खाय
गेसू में[4] वो लटक कि बादल लहराय

नग़मे की अलाप है कि क़ामत[5] का तनाव
बजती गत का उतार आँखों का झुकाव
आ आ के रागिनी खड़ी होती है
देखे कोई सजिल बदन का ये रचाव

जुल्फ़ों से फ़िज़ाओं में उदाहट का समाँ
मुखड़ा है कि आग में तरावट का समाँ
ये   सोज़ो-गुदाज़े—क़दे-राना[6],   जैसे
हीरे के मिनार में घुलाव का समाँ

---

1. कन्धा 2. नया फूल 3. चाल 4. केशों में 5. शरीर 6. सुन्दर शरीर का रचाव

वर[1] में फ़िरदौस के गुलिस्ताँ की झलक
रुख़ के[2] गुले-तर में शबनमिस्ताँ की झलक
जुल्फ़ों में ततार के शबिस्ताँ की झलक
पलकों तले क़ाफ़ के परिस्ताँ की झलक

गहवारये-सदबहार[3],   हर   मौज़े-नफ़स[4]
ये रंगे-निशात तेरे हाथों का है जस
नज़रें हैं कि रह-रह के नहा उठती हैं
हर अज़्वे-बदन[5] से वो छलकता हुआ रस

क़तरे अरक़े-जिस्म के मोती की लड़ी
है पैकरे-नाज़नीं कि फूलों की छड़ी
गरदिश में निगाह है कि बटती है हयात
जन्नत भी है आज उमीदवारों में खड़ी

सर ता-ब-क़दम रुख़े-निगारीं[6] है, कि तन
हैं अज़्वे-हसीं कि बोल बोल उठने को दहन[7]
ये मस्तियो-कैफ़, ये जमाही, ये झपक
एक अधखुली नरगिसे-खुमारी[8] है बदन

---

1. बदन 2. मुख के 3. सैकड़ों वसन्तों का पालना 4. श्वास लहरी 5. शरीर के अंग 6. सुन्दर मुखड़ा 7. मुँह 8. मस्त आँख

ये शोलये-हुस्न[1] जैसे बजता हो सितार
हर ख़ते-बदन[2] की लौ में मद्धम झंकार
रंगीन निगाह से खिल उठते हैं चमन
रस होंठों का पी के झूम उठती है बहार

होंठों पे ये गुनगुनाती नय है कि सुकूत[3]
जाग उठने का साज़ों के समय है कि सुकूत
लरज़िश है फ़िज़ाओं में कि बजते हैं कान
संगीत की कोई नर्म लय है कि सुकूत

ठहरी-ठहरी नज़र में वहशत की किरन
छलके छलके कलस हैं मद के जोबन
माथे पर सुर्ख़ झिलमिलाता तारा
काँधे पर गेसुओं का[4] छाया हुआ घन

ये रंग ये बू ये भीगा-भीगा हुआ नूर
झुरमुट में गेसुओं के जैसे रुख़े-हूर[5]
लौ देता है रात के धुँधलके में बदन
या रौदे-जमन[6] में जल रहा है काफ़ूर

---

1. सौन्दर्य की लपट 2. शरीर-रेखा 3. मौन 4. केशों का 5. हूर का मुखड़ा 6. यमुना नदी

उमड़ी बदमस्त काली ज़ुल्फ़ों की घटा
अहले-दिल का जुनूँ[1] सहरा सहरा
लहका हुआ सीना रस में डूबा डूबा
उठती हुई मौजे-हुस्न[2] दरिया दरिया

सीने में लहक रहा है फूला गुलज़ार
बल खाये बदन में लहलहाती है बहार
बिजली की हैं करवटें कि कूल्हों की चमक
जाती है कहाँ दई की मारी हुई नार

इस तरह दमक रहा है रुये-ताबाँ[3]
दरियाये-शफ़क़[4] में जैसे हल्का तूफ़ाँ
यूँ लहराती हैं उभरे सीने पे लटें
जैसे कुहसारों[5] पर घटाओं का धुआँ

उठने में हिमालिया की घटाओं का उभार
अन्दाज़े-नशिस्त[6] चढ़ती नदी का उतार
रफ़्तार[7] में मद भरी हवाओं की सनक
गुफ़्तार[8] में शबनम की रसीली झंकार

---

1. उन्माद 2. सौन्दर्य लहरी 3. चमकता चेहरा 4. सांध्य-लालिमा की नदी 5. पर्वतमाला
6. बैठने का ढंग 7. चाल 8. सम्बोधन

शबनम से ये शोलों की जबीं[1] ढलती है
किरनों से ये कलियों की गिरह खुलती है
ये रंग, ये रस, ये मुस्कुराहट, ये निखार
या नूर[2] की मौजों में शफ़क़[3] घुलती है

तारों की सुहानी छाँव गंगा स्नान
मौजों के जिलौ[4] में रंगो-बू का तूफ़ान
अँगड़ाइयाँ ले रही हो जैसे ऊषा
ये शाने-जमाल, ये जवानी की उठान

है तारे-नज़र[5] कि कपकपाती हुई सुब्ह
है नूरे-जबीं[6] कि मुस्कुराती हुई सुब्ह
है जुंबिशे-लब[7] कि गुनगुनाती हुई सुब्ह
है रूप कि पेचो-ताब खाती हुई सुब्ह

है चश्मे-सियह[8] कि थरथराती हुई रात
है ज़ौक़े-गुनह[9] कि जगमगाती हुई रात
है जुल्फ़ कि पेचो-ताब खाती हुई रात
रस के जोबन में गुनगुनाती हुई रात

---

1. माथा 2. प्रकाश 3. सांध्य-लालिमा 4. लहरों के वेग में 5. नज़र का तार 6. माथे का प्रकाश 7. होठों का हिलना 8. काली आँखें 9. पाप की अभिरुचि

ज़ुल्फ़े-पेचाँ में[1] थरथराती हुई शाम
शोख़िये-निगह में मुस्कुराती हुई शाम
नोके-मिज़्गाँ[2] पे तिलमिलाती हुई शाम
साये में पलक के गुनगुनाती हुई शाम

रंगीन सहर[3] अपनी लहलहाहट भूले
वे ख़ुद रुहे-नमू[4] कि सीना छू ले
हंगामे-विसाल[5] कुछ सरकता मलबूस[6]
ज़री कमर और जगमगाते कूले

है बिस्मिले-नाज़े-इश्क़[7] नज़्ज़ारा परस्त
ख़िल्क़त[8] के पहले जैसे हो सुब्हे-अलस्त
ये कोहनी तक आसतीं चढ़ाना तेरा
है सारे बदन की बेहिजाबी[9] सरे-दस्त

ये शाने-तुलूए-सुब्ह[10] ये हुस्ने-चमन
झिलमिल घूँघट में जैसे कोई चौथी की दुल्हन
हर शाख़ पे जगमगाती किरनों का तवाफ़[11]
तू जैसे कलाई में फिराये कंगन

---

1. लहरियेदार केशों में 2. पलक की नोक 3. सुबह 4. विकास-आत्मा 5. मिलन के समय
6. लिबास 7. इश्क के नाज़ों द्वारा आहत 8. सृष्टि 9. अनावरण 10. प्रभातोदय की शान
11. परिक्रमा

सागर[1] कफ़े-दस्त में[2], सुराही ब बग़ल[3]
काँधे पर गेसुओं के काले बादल
ये मधु भरी आँख, ये निगाहें चंचल
है पैकरे-नाज़नीं[4] कि 'हाफ़िज़'[5] की ग़ज़ल

मौजे-मये-नाव[6] बहकी-बहकी सी ये चाल
घनघोर घटायें बिखरे-बिखरे से ये बाल
छलकी-छलकी नई जवानी की शराब
क़द है कि भरा-भरा है मीनाये-जमाल[7]

इंसा के नफ़स[8] में भी ये एजाज़[9] नहीं
तुझसे चमक उठती है अनासिर की जबीं[10]
एक   मोजिज़ये-ख़मोश[11]   तर्ज़े-रफ़्तार[12]
उठते हैं क़दम कि साँस लेती है ज़मीं

वो मस्त नज़र कि मौजे-सहबा[13] थर्राय
वो हँसती जबीं कि सुब्हे-सादिक़[14] शर्माय
एक   मौजे-हयात,[15]   नर्मगामी[16]   तेरी
बेहिस[17] राहों में जान जैसे पड़ जाय

---

1. प्याला 2. हथेली में 3. बगल में 4. सुन्दरी का बदन 5. प्रसिद्ध फ़ारसी शायर 6. मदिरा-लहरी 7. सौन्दर्य की सुराही 8. श्वास 9. जादू 10. तत्वों का माथा 11. मौन चमत्कार 12. चाल का ढंग 13. प्रभात समीर का झोंका 14. सच्ची सुबह 15. जीवन तरंग 16. मंद गति 17. निर्जीव

ये चाल, ये मस्ती, ये क़दह-सामानी[1]
या आतशे-सय्याल[2] में है तुग़यानी[3]
यूँ दौड़ रहा है तने-शफ़्फ़ाफ़[4] में रस
जिस तरह गगन खेलता जाये पानी

हर अज़्व[5] में पर तोले लहकता गुलज़ार
हर गाम पे झूम-झूम जाती है बहार
ये मस्त ख़रामी,[6] ये हवायें, ये घटा
मोरों का रक़्स[7] है कि तर्ज़े-रफ़्तार

कोमल पद गामिनी की आहट तो सुनो
गाते क़दमों की गुनगुनाहट तो सुनो
सावन का लहरा है मद में डूबा हुआ रूप
रस की बूँदों की झमझमाहट तो सुनो

है शाम का आसमान कि जुल्फ़ों का धुआँ
बगुलों की कज-क़तार[8] क़ामत[9] की कमाँ[10]
ये शाने-सुबकरवी[11] कि तारे रुक जायें
धारे पे माहे-नौ की[12] किश्ती है रवाँ

---

1. मधुपात्र जुटाना 2. तरल अग्नि 3. तूफ़ान 4. स्वच्छ बदन 5. अंग 6. मस्त चाल 7. नृत्य
8. टेढ़ी पंक्ति 9. क़द 10. कमान, धनुष 11. मंद गति की शान 12. नये चाँद की

हंगामे-ख़राम[1]   वो   ग़ज़ाले-बदमस्त[2]
नक़्शे-क़फ़े-पा[3] की शोख़ियाँ शोला-बदस्त[4]
दो पाँव से चौकड़ी भरे हर डग में
अर्जुन की कमाँ से छूटे नावक[5] की है जस्त

तलुवे से भरी हुई गुलाबी छलकी
नक़्शे-क़फ़े-पा से लौसी लहरा के उठी
हर नक़्शे-क़दम से खिलते हैं कंवल
वो चाल में लोच जैसे मुड़ती हो नदी

रंगे रुख़ में[6] है महे-सय्याल[7] की जौ[8]
अबरु में लचकती है कमाने-माहे-नौ[9]
सुत्वाँ है नाक, जैसे दीपक की लौ
वो चाल में जस्त जैसे बिजली की रौ

छलके हुए सैकड़ों प्याले हैं कि चाल
खिलते हुए रहगुज़र में लाले[10] हैं कि चाल
आहट पे लगे हैं देवताओं के भी कान
मिलजुल के सितारे गाने वाले हैं कि चाल

---

1. चलते समय 2. मस्त हिरन 3. पद-चिह्न 4. हाथ में शोले लिये 5. तीर 6. चेहरे के रंग
में 7. तरल चाँद 8. चमक 9. नये चाँद रूपी धनुष 10. फूल

पायल की सदा[1] है या छलकते हैं अयाग़[2]
मिलता ही नहीं है आज धरती का दिमाग़
पग-ध्वनि लौ मारती है अम्बर से परे
जल उठते हैं लालाज़ारे-जन्नत के[3] चराग़

फ़ैज़ाने-गुनाहे-इश्क़[4]   सबको   पहुँचा
सुब्हे-शबे-वस्ल[5]   ज़र्रा-ज़र्रा   निखरा
तारों   की   छाँव,   नर्म-गामी[6]   तेरी
वो पिछले पहर की नर्म दोशीज़ा[7] फ़िज़ा

मुखड़े   की   जौ[8]   से दश्ते-ऐमन[9] पुरनूर
जोबन की लौ से झपके शमा सरे-तूर[10]
आँखों में गुनाहे-अव्वलीं[11] की तरग़ीब[12]
रफ़्तार   से   लरज़े   मौजे-सहवाये-तहूर[13]

ताबिंदा[14] रुखे-निगार[15] शोले की लपक
वो शोला कि पड़ जाये दिलों गें ठंडक
अँगड़ाई में वो कशिश कि तारे टूटें
शमए-सरे-तूर   है   कलाई   की   डलक

---

1. आवाज़ 2. प्याले 3. स्वर्ग-वाटिका के 4. इश्क रूपी पाप का लाभ या पुण्य 5. मिलन की रात की सुबह 6. मंद चाल 7. कुँवारी 8. प्रकाश 9. स्वर्ग का जंगल 10. तूर नामक पर्वत पर 11. प्रथम पाप 12. प्रेरणा 13. जन्नत की शराब की लहर 14. प्रकाशमान 15. सुन्दरी का मुखड़ा

सर ता सर, बेपनाह, मस्ती तारी
जोबन के रस के असर से पलकें भारी
वो जिस्म, कि काफ़ूरी लगाती हुई आग
जुल्फ़ों की अबतरी[1] से नदियाँ जारी

लरज़िश में बदन कि बाग़े-जन्नत की लहर
विजदाने-सियाह-कार गेसू[2] की लटक
हर अज़्व[3] के लोच का कुछ ऐसा अन्दाज़
सतरंग धनुष में जैसे आ जाये लचक

पिघले हुए आफ़ताब[4] सीने में हैं बन्द
दामे-यज़दाँ[5] शिकार जुल्फ़ों की कमन्द
बल खाती कनक छड़ी है कि रस की पुतली
खुशबू तने-नाज़नीं की[6] सोने में सुगन्ध

माथे की ये कहकशाँ[7] ये जोबन की लहर
पड़ते ही झपक-झपक सी जाती है नज़र
वो रूप जहाँ दोनों समय मिलते हों
आँखों में सुहागरात मुखड़े पे सहर[8]

---

1. उलझाव 2. काले केश 3. अंग 4. सूरज 5. खुदा का जाल 6. सुन्दरी के तन की
7. आकाश-गंगा 8. सुबह

उठी मौजे-तबस्सुम[1] आबे-ज़र[2] से
वो होंठ कि चूमने को सागर तरसे
मुखड़ा है कि ज़िन्दगी का छलका हुआ जाम
मधुमास के चन्द्रमा से अमृत बरसे

है अक्से-जबीं[3] या है कमर की ज़ंजीर
ये रात और ये आकाश-गंगा की लकीर
या तेरी नज़र में फूल अम्बर पे खिले
'बालेन्दु' ने या कमान से छोड़ा कोई तीर

होंठों में वो रस कि जिस पे भँवरा मँडराये
साँसों की वो सेज जिस पे खुशबू सो जाये
चेहरे की दमक पे जैसे शबनम की रिदा[4]
मद आँखों का कामदेव को भी जो छकाये

मोती की कान, रस का सागर है बदन
दर्पन आकाश का सरासर है बदन
अँगड़ाई में राजहंस तोले हुए पर
या दूध-भरा मानसरोवर है बदन

---

1. मुस्कान-लहरी 2. स्वर्ण-जल 3. माथे का प्रतिबिम्ब 4. चादर

रश्के-दिले-केकई[1] का फ़ितना है बदन
सीता के विरह का कोई शोला है बदन
राधा की निगाह का छलावा है कोई
या कृष्ण की बाँसुरी का लहरा है बदन

तेरे क़दमों में चाँद सर के बल जाये
मुखड़े पे पड़े नज़र तो सूरज ढल जाये
ऊषा की लालिमा हो पानी पानी
शर्माने की ये अदा कि बिजली गल जाये

अलकों की लटक में साँप कुंडली मारे
पलकों में हों जैसे झिलमिलाते तारे
सुन्दर सुकुमार गात ऊषा की छटा
जोबन के मधु-कलस पे सूरज वारें

जैसे ऊदी घटा में गुलशन लहके
जैसे ज़ेरे-नक़ाब[2] शोला झलके
लौ दे उठता है इस तरह रंगे-बदन
सय्याल शफ़क़[3] में जैसे कौंदा लपके

---

1. कैकेई के दिल की ईर्ष्या 2. मुखपट के भीतर 3. तरल सांध्य लालिमा

नभ मंडल गूँजता है तेरे जस से
गुलशन खिलते हैं ग़म के ख़ारो-ख़स[1] से
संसार में ज़िन्दगी लुटाता हुआ रूप
अमृत बरसा रहा है जोबन रस से

गेसू बिखरे हुए घटाएँ बेख़ुद[2]
आँचल लटका हुआ हवाएँ बेख़ुद
पुर कैफ़ शबाब[3] से अदाएँ बेख़ुद
गाती हुई साँस से फ़िज़ाएँ बेख़ुद

आँखों में वो रस जो पत्ती पत्ती धो जाये
ज़ुल्फ़ों के फुसूँ[4] से मारे-सुंबुल[5] सो जाये
जिस वक्त तू सैरे-गुलिस्ताँ करता हो
हर फूल का रंग और गहरा हो जाये

यूँ इश्क़ की आँच खा के रंग और खिले
यूँ सोज़े-दरूँ से[6] रुए-रंगीं[7] चमके
जैसे कुछ दिन चढ़े गुलिस्तानों में
शबनम सूखे तो गुल का चेहरा निखरे

---

1. घास-फूस 2. आत्म-विसर्जित 3. आनन्दपूर्ण यौवन 4. जादू 5. एक प्रकार की सुगन्धित घास का साँप 6. भीतरी आग से 7. सुन्दर मुखड़ा

वो रूप की मोहनी, वो चेहरे का निखार
वो कूल्हे भरे भरे, वो सीने का उभार
वो चाल कि जैसे रक़्स[1] करती हो नसीम[2]
हर गाम[3] पे लोट-लोट जाती है बहार

नैरंगिये-हुस्न[4] देख अज़ सर ता फ़क़[5]
होते ही नहीं जुदा ये ग़र्ब और ये शक़[6]
ये चेहरे की चिलचिलाती धूप और ठंडक
मेहरे-निस्फ़ुन्नहार[7] शबनम में ग़फ़

वो निखरे बदन का मुस्कुराना है! है!
रस के ज़ोबन का गुनगुनाना है! है!
कानों की लवों का थरथराना कम-कम,
चेहरे के तिल का जगमगाना है! है!

ज़ुल्फ़ों से फ़िज़ाओं की अदाहट है! है!
जिस्मे-रंगीं की अचपलाहट है! है!
शोख़ी है कि गुदगुदाये जाती है तुझे,
हर अज़्वे-बदन[8] की मुस्कुराहट है! है!

---

1. नृत्य 2. शीतल मंद समीर 3. पग 4. सौन्दर्य का जादू 5. सिर से पैर तक 6. पूर्व-पश्चिम
7. दोपहर का सूरज 8. बदन का अंग

पहलू की वो कहकशाँ[1] नितम्बों का उभार
हर अज़्व[2] की नर्म लौ में मद्धम झंकार
हंगामे-विसाल[3] पेंग लेता हुआ जिस्म
साँसों की शमीम[4] और चेहरा गुलनार

खिंचना है अबस[5], बग़ल में बाँहों को तो ले
खो जाने का हर वक्त तकल्लुफ़ न रहे
हंगामे-विसाल कर सँभलने की नाफ़िक्र
सौ सौ हाथों से मैं सँभाले हूँ तुझे

चढ़ती हुई नदी है कि लहराती है
पिघली हुई बिजली है कि बल खाती है
पहलू में लहक के भींच लेती है वो जब
क्या जाने कहाँ बहा ले जाती है

बर की क़ौसे-क़ुज़ह[6], अलक के बादल
जोबन रस अधखिला-सा नयनों का कंवल
मदमाती रगों में गुनगुनाता है शबाब
बरसात मनाती है बदन में मंगल

---

1. आकाश-गंगा 2. अंग 3. मिलन के समय 4. सुगन्ध 5. व्यर्थ 6. इन्द्रधनुष

ये नर्म निगाह, ये रसीली बातें
ये गेसुए-शबगूँ की[1] भरी बरसातें
रिमझिम-रिमझिम ये रस की बूँदों की फुवार
सोता   संसार   मँझीली   रातें

जमुना की तहों में दीपमाला है कि ज़ुल्फ़
जोबन शबे-क़द्र[2] ने निकाला है कि ज़ुल्फ़
तारीको-ताबनाक[3]   शामे-हस्ती
ज़िंदाने-हयात[4] का उजाला है कि ज़ुल्फ़

रातें बरखा की थरथराती हैं कि ज़ुल्फ़
तक़दीरें पेचो-ताब खाती हैं कि ज़ुल्फ़
परछाइयाँ   काँप   काँप   जायें   जैसे
मतवाली घटाएँ गुनगुनाती हैं कि ज़ुल्फ़

गंगा-स्नान का ये रेला है कि ज़ुल्फ़
पिछले की सुहानी देव-बेला है कि ज़ुल्फ़
कुहरे में धुआँ-धुआँ सी उमड़ी हुई भीड़
बढ़ता हुआ कोई माघ-मेला है कि ज़ुल्फ़

---

1. रात ऐसे काले केशों की 2. रजब के महीने की 27वीं तारीख, इस रात की इबादत का बड़ा पुण्य है 3. अँधेरी तथा प्रकाशमान 4. जीवन रूपी कारागार

बादल कोई आहिस्ता गरजता है कि जुल्फ़
बरसात में क़सरे-शाम[1] सजता है कि जुल्फ़
मँडलाई घटा में जैसे हाथी झूमे
कजली बन में सितार बजता है कि जुल्फ़

लहराई धुआँधार घटाएँ हैं कि जुल्फ़
बेलाग उतरी हुई बलाएँ हैं कि जुल्फ़
फुफकारती बेपनाह काली रातें
उड़ते हुए होश की क़ज़ाएँ[2] हैं कि जुल्फ़

सुंबुल के तरो-ताज़ा चमन हैं जुल्फ़ें
बे सुब्ह की शबहाये-खुतन[3] हैं जुल्फ़ें
खुद ख़िज़्र[4] यहाँ राह भटक जाते हैं
जुलमात के[5] महके हुए बन हैं जुल्फ़ें

काटे कटती नहीं ये जुलमात की रात
एक जादू शबताब[6] है ये रात की रात
भीगी फ़िज़ा में जुल्फ़ों की घटाएँ
आईना-आईना है बरसात की रात

---

1. सांध्य महल 2. मृत्यु 3. खुतन नगर की रातें (खुतन चीन का एक नगर, जहाँ की कस्तूरी प्रसिद्ध है) 4. पथ-प्रदर्शक 5. अँधेरों के 6. चाँद

चढ़ती जमुना का तेज़ रेला है कि ज़ुल्फ़
बल खाता हुआ सियाह कौंदा है कि ज़ुल्फ़
गोकुल की अँधेरी रात देती हुई लौ
घनश्याम की बाँसुरी का लहरा है कि ज़ुल्फ़

बरसात की रातें आँखें मलती हैं कि ज़ुल्फ़
कुछ शम्अएँ सियाह लौ की जलती हैं कि ज़ुल्फ़
परदों से असावरी के शोलों की लपक
ज़ुलमात में[1] बिजलियाँ उछलती हैं कि ज़ुल्फ़

भीगी ज़ुल्फ़ों के जगमगाते क़तरे
आकाश से नीलगूँ शरारे फूटे
है सर्वे रवाँ[2] में ये चराग़ाँ[3] का समाँ
या रात की घाटियों में जुगनू चमके

हर सम्त धुआँ-धुआँ सी अम्बर की महक
सरशार[4] गुलाबियाँ से जाती हैं झलक
सीने में फ़िज़ा के पेंग लेता है गुनाह
विजदाने-सियाहकार[5] गेसू की लटक

---

1. अँधेरों में 2. बहती नदी 3. दीपमाला 4. परिपूर्ण 5. पापी की अभिरुचि

निखरी हुई रात जगमगाती हुई जुल्फ़
तक़दीर के पेचो-ख़म दिखाती हुई जुल्फ़
मद्धम लय में छिड़ा है साजे-हस्ती
जीवन-संगीत गुनगुनाती हुई जुल्फ़

महकी हुई शाम रसमसाती हुई जुल्फ़
तातार की नकहतें[1] लुटाती हुई जुल्फ़
कुछ पढ़ के फूँकती है हर तेज़ लपट
शफ़्फ़ाफ़[2] फ़िज़ा के होश उड़ाती हुई जुल्फ़

मजनूँ की वहशतें बढ़ाती हुई जुल्फ़
लैला को लोरियाँ सुनाती हुई जुल्फ़
तारों का सोज़ आसमानों का गुदाज़
बेसुध रातों को ग़श में लाती हुई जुल्फ़

ये शाम की नकहतों का उठता है धुआँ
जैसे हो मयकदा हवा पर रक़साँ[3]
चमका हुआ किज़्बे-हुस्न[4] जादू की कमन्द
दामे-यज़दाँ शिकार जुल्फ़े-पेचाँ[5]

सरशार[1] फ़िज़ाओं में अदाहट कम-कम
नमनाक हवा में सनसनाहट कम-कम
अँगड़ाइयाँ लेता है शबिस्ताने-तातार[2]
मुश्कीं गेसू में थरथराहट कम-कम

जुल्फें सारंगियों के बजते हुए तार
ये लहरे बे सदा के, सावन की फुवार
हिलती हैं लटें कि वज्द[3] करती हैं फ़िज़ाएँ
गोया लय छेड़ के सनकती है बयार

ठहरी-ठहरी सी रहती दुनिया की हयात
लहकी-लहकी-सी महके बन की बरसात
ये जुल्फे-सियह[4] की ख़्वाब आवर ख़ुशबू
चुपचाप खड़ी उँगलियाँ चटकाती है रात

इस मुश्किस्ताँ[5] में साँस लेती है रात
तारीक[6] फ़िज़ा, ये मद से बोझल बरसात
आड़ी-आड़ी सी काली जुल्फ़ों की लटक
करवट से बह रहा है रौंदे-जुलमात[7]

---

1. उन्मत्त, 2. तातार नगर रूपी शयनागार, 3. सिर धुनना 4. नींद लाने वाली 5. सुगन्धनगर
6. अँधेरी 7. अँधेरों की नदी

रग-रग   में   थरथराये   रूहे-नग़मात[1]
हर तार में यूँ चलती हुई नब्ज़े-हयात[2]
बेखुद   होती   चली   है   नमनाक   फ़िज़ा
ज़ुल्फ़ों   में   ढल   रही   है   मयखाने   की   रात

भूली   हुई   ज़िन्दगी   की   दुनिया   है   कि   आँख
दोशीज़ए-बहार[3]   का   फ़साना   है   कि   आँख
ठंडक,   खुशबू,   चमक,   लताफ़त[4],   नर्मी
गुलज़ारे-इरम[5]   का   पहला   तड़का   है   कि   आँख

तारों   को   भी   लोरियाँ   सुनाती   हुई   आँख
जादू   शबे-तार[6]   का   जगाती   हुई   आँख
जब   ताज़गी   साँस   ले   रही   हो   दमे-सुब्ह
दोशीज़ा   कंवल   सी   मुस्कुराती   हुई   आँख

चंचल   आँखों   में   गुनगुनाती   हुई   शाम
गर्दिश   में   नज़र   की   थरथराती   हुई   शाम
वो   फूटी   झुटपुटे   के   तारों   की   किरन
पलकों   की   ओट   कुनमुनाती   हुई   शाम

---

1. संगीत की आत्मा 2. जीवन-नाड़ी 3. वसन्त-कुमारी 4. कोमलता 5. स्वर्ग-वाटिका 6. अँधेरी रात

चिलमन में मिज़ा की[1] गुनगुनाती आँखें
चौथी की दुल्हन सी कुछ लजाती आँखें
जोबन रस की सुधा लुटाती हर आन
पलकों की ओट मुस्कुराती आँखें

छलकाती हैं प्रेम की गुलाबी आँखें
सद मयकदा दर बग़ल[2] शराबी आँखें
हर शाम चराग़े-शबनमिस्ताने-जमाल[3]
हर सुब्ह चमन-चमन गुलाबी आँखें

रातों की जवानियाँ नशीली आँखें
खंजर की रवानियाँ कटीली आँखें
संगीत की सरहदों पे खिलने वाले
फूलों की कहानियाँ रसीली आँखें

आहुए-सियाहो-शोख[4] कुछ पलकें उठाये
तरग़ीबे-गुनाह[5] के चराग़ों को जलाये
लड़ जाये जहन्नम से अगर उड़ती निगाह
सोज़े-दिले-अहरमन[6] में ठंडक पड़ जाये

---

1. पलकों की 2. बग़ल में सैकड़ों मधुशालायें 3. सौन्दर्य की वाटिका का दीपक 4. चंचल तथा काले हिरन 5. पाप की प्रेरणा 6. खुदा के दिल की तपन

तारों भरी रात बज़्मे-फ़ितरत[1] से सजी
है शोख़ निगाह में भी ऐसी नर्मी
ये चन्द्र किरन में सात रंगों की झलक
गाती हुई अपसरा गगन से उतरी

जैसे झूमे हवा में विजदाने-गुनाह[2]
जैसे जादू जगाये आहूये-सियाह[3]
आकाश की नर्म सतह पर पड़ते ही
नक़्शे-तसख़ीर[4] खींच देती है निगाह

कुहसार[5] पे घनघोर घटा छाने लगे
किरनों की पलक सर भी झपकाने लगे
वे गेसुओ-रुख़ की[6] है झलक आँखों में
वो कैफ़[7] कि अफ़लाक[8] को नींद आने लगे

पैदा है निगाह से तबस्सुम का समाँ
पैदा तबस्सुम[9] से तकल्लुम का समाँ
यूँ साज़े-फ़िज़ा पे आँखें पड़ती हैं तेरी
पैदा है सुकूत[10] से तरन्नुम[11] का समाँ

---

1. प्रकृति-सभा 2. पाप की अभिरुचि 3. काला हिरन 4. विजय रेखा 5. पर्वतमाला 6. केशों और चेहरे की 7. आनन्द 8. आकाश 9. सम्बोधन 10. मौन 11. संगीत

ख़ुशबू से मशाम[1] आँखों के बस जाते हैं
गुंचे से फ़िज़ाओं में बिकस[2] जाते हैं
झुकती है तेरी आँख सरे-ख़लबते-नाज़[3]
या कामिनी के फूल बरस जाते हैं

दोशीज़ा सहर, रसीली आँखों की चमक
आईनए-सुब्ह[4] में मनाज़िर की[5] झलक
जैसे पड़े कोरे आबगीनों पर[6] चोट
शफ़्फ़ाफ़ फ़िज़ा में वो निगाहों की खनक

जोबन रस पुतलियों के अन्दर डोले
इस निर्मल जल में रूप मरियम धोले
ये नर्म नज़र की सेज, पलकों की ये छाँव
सोयी है सुहाग रात गेसू[7] खोले

ये रंगे निशात, लहलहाता हुआ गात
जागी-जागी सी काली ज़ुल्फ़ों की ये रात
ऐ प्रेम की देवी ये बता दे मुझको
ये रूप है या बोलती तस्वीरे-हयात[8]

---

1. वह स्थान जहाँ सूँघने की शक्ति रहती है 2. खिल 3. एकांत 4. सुबह रूपी आईना
5. दृश्यों की 6. पानी के बुलबुलों पर 7. केश 8. जीवन-चित्र

ये नाज़ुक जिस्म रंगो-बू से बोझल
ये रूप, ये रस की लहर, ये नयन कंवल
काँधे से रिदाए-जुल्फ़[1] लटकी-लटकी
या सुब्ह की देवी है उठाये आँचल

है लोच बिलूर में कि पैकर[2] का रचाव
मयख़ाने को नींद आये, वो आँखों का झुकाव
जिस तरह कहानियों में पड़ जाये जान
देखे कोई पिंडली का गुदाज़ और तनाव

पिंडली है लहकता हुआ जैसे कौंदा
टख़ने हैं कि पर तोले 'उतारिद'[3] है खड़ा
है पाँव कि ठहरी हुई बिजली में है लोच
तलवे हैं कि सीमाब में[4] सूरज की ज़िया[5]

है क़ौसे-कुज़ह[6] कि थरथराते बाज़ू
रश्क़े-फ़िरदौस[7] लहलहाते पहलू
रक़साँ[8] शोला है लचकी-लचकी सी कमर
कुंदल पे कंवल है या रमकता पेड़ू

---

1. केश की चादर 2. शरीर 3. बुध ग्रह 4. पारे में 5. प्रकाश 6. इन्द्रधनुष 7. स्वर्ग के लिए
ईर्ष्या 8. नृत्यशील

वो चेहरा कि बर्क़े-तूर[1] आँखें झपकाये
वो माथा चन्द्रलोक जिससे शरमाये
वो नाफ़ कि कौसर[2] में भँवर पड़-पड़ जाये
वो रान कि खुरशीद[3] को आईना दिखाये

गंगा वो बदन, कि जिसमें सूरज भी नहाय
जमुना वालों की, तान बंसी की उड़ाय
संगम वो कमर, आँख ओझल लहराय
तहे-आब[4] सरस्वती की धारा बल खाय

अँगड़ाई से नींद आफ़ताबों[5] को भी आय
वो चाल कि ठोकर आसमानों को लगाय
वो चाल कि झिंझोड़कर क़यामत को जगाय
वो शोख़ अदा कि बर्क़[6] आँखें झपकाय

सूरज को भी रूप झमकड़ा झपकाय
वो अधखुली आँख सोते फ़ितनों को जगाय
चुटकी में है रिश्तये-निज़ामे-शमसी[7]
सो जाये ज़माना जब उँगली चटकाय

---

1. तूर पर्वत की बिजली, जिसके द्वारा हज़रत मूसा ने ख़ुदा से बातें की थीं 2. जन्नत का एक होज़ 3.सूरज 4. जल के नीचे 5. सूर्यों को 6. बिजली 7. सौर मंडल का सम्बन्ध

रंगीन फ़िज़ा, सिंगार दर्पण की मिसाल
बोल उठने को है सुकूत[1] उछलता है गुलाल
ये शाम, ये बज़्मे-माह, ये अहदे-वफ़ा
जयमाल पिन्हाते वक़्त सीता का जमाल[2]

अमृत से धुली जबीन[3], अबरू के हिलाल[4]
गर्दन का ये ख़म, ये छब, ये हुस्ने-ख़दोख़ाल
हर अज़्व[5] में ये लचक, ये नखसिख का रचाव
दब जाता है सनअते-अजन्ता का[6] कमाल

गंगा में चूड़ियों के बजने का ये रंग
ये राग, ये जलतरंग, ये रौ, ये उमंग
भीगी हुई सारियों से कौंदे लपके
हर पैकरे-नाज़नीं खनकती हुई चंग[7]

गंगाअस्नान, ये चमकते बजरे
नावों में सवार महजबीनों के[8] परे
संगम में लगा के गोता उठता है ये कौन
मौजों के भँवर से जैसे जुहरा[9] उभरे

---

1. मौन 2. रूप 3. माथा 4. भौवों के नव चाँद 5. अंग 6. अजन्ता की कारीगरी का
7. एक बाजा 8. सुन्दरियों के 9. सितारा

मुखड़ा देखें तो माहपारे[1] छिप जाँय
ख़ुरशीद[2] की आँख के शरारे छिप जाँय
रह जाना वो मुस्कुरा के तेरा कल रात
जैसे कुछ झिलमिला के तारे छिप जाँय

संगीत की पंखड़ी को शबनम धो जाय
जैसे शोलों की जगमगाहट खो जाय
पिछले   को   ख़ुमारे-जिस्मे-रंगीं[3]   जैसे
कलियों के लबों पे मुस्कुराहट सो जाय

हुस्ने-ख़्वाबीदा[4] में भी ऐसी सजधज
ज़ंजीर हो बिजलियों की जैसे कुछ कज[5]
ये बिस्तरे-नर्मो-साफ़, ये ज़िस्म की जोत
तकियों पर बादलों के जैसे सूरज

कल रात तुझे नींद सी कुछ आती हुई
सुकुमार बदन पे बेखुदी छाती हुई
तारों की भी हो चली थीं पलकें भारी
बातें तेरी कुछ आँख सी झपकाती हुई

---

1. चाँद के टुकड़े 2. सूरज 3. सुन्दर शरीर का उतरता नशा 4. सोया सौन्दर्य 5. टेढ़ी

कुछ हिज्रो-विसाल[1] का मुअम्मा न खुला
जल में कब भीगते कंवल को देखा
बीती होंगी सुहाग रातें—कितनी
लेकिन है आज तक कुँवारा नाता

सोते जादू जगाने वाले दिन हैं
उमरों की हदें मिलाने वाले दिन हैं
कन्या अब कामिनी है होने वाली
आँखों को नयन बनाने वाले दिन हैं

पुरवाई जिस घड़ी हो सनकी-सनकी
ज़ंजीरे-सहर[2] जब कि हो छनकी-छनकी
ऐसे में आरती उतारे ऊषा
रस में डूबे हुए कुँवारे पन की

आ जाता है गात में सलोनापन और
चंचलपन, बालपन, अनिलापन और
कटते ही सुहागरात देखें जो उसे
बढ़ जाता है रूप का कुँवारापन और

---

1. मिलन-विरह 2. सुबह की शृंखला

है वज्द[1] में रहगुज़र ये गाती हुई चाल
लहके हुए रूप से उछलता है गुलाल
आईनए-सुब्ह में तमव्वुज[2] है तमाम
बल खाया बदन है या है क़ौसे-सय्याल[3]

हम्माम में ज़ेरे-आब[4] जिस्मे-जानाँ
जगमग-जगमग ये रंगो-बू का तूफ़ाँ
मलती हैं सहेलियाँ जो मेहँदी रचे पाँव
तलवों की गुदगुदी है चेहरे पे अयाँ[5]

ये रात, फ़लक[6] पे थरथराता सा ग़ुबार
शीशे पर नर्म-नर्म पड़ती है फुवार
या बैठ के माहे-नौ[7] में देवी कोई
छेड़े हुए रागनी बजाती है सितार

आईना दर आईना है शफ़्फ़ाफ़ बदन
जलवे कुछ इस अन्दाज़ से हैं अक्स-फ़िगन[8]
एक ख़्वाबे-जमाल[9] है कि बँधता है तिलिस्म
वो रूप झलकता हुआ जादू, दर्पण

---

1. मस्ती में झूमना 2. हिल्लोल 3. तरल इन्द्रधनुष 4. पानी के नीचे 5. प्रकट 6. आकाश
7. नये चाँद में 8. प्रतिबिम्बित 9. सुन्दरी की नींद

पैकर[1] है कि चलती हुई पिचकारी है
फ़व्वारए अनवारे-सहर[2] जारी है
पड़ती है फ़िज़ा में सात रंगों की फुवार
आकाश नहा उठता है बलिहारी है

अमृत में धुली हुई फ़िज़ाए-सहरी[3]
जैसे शफ़्फ़ाफ़ नर्म शीशे में परी
ये नर्म क़बा में[4] लहलहाता हुआ रूप
जैसे हो सबा[5] की गोद फूलों से भरी

आवाज़ में वो लोच कि बुलबुल चहके
रफ़्तार में वो मौज कि सब्ज़ा लहके
ज़ुल्फ़ों से चमक माँगती है शामे-बहार
आरिज़[6] में ग़िना[7] का नर्म शोला दहके

जूड़े में सियाह रात कुंडली मारे
माथे के अरक़ में झिलमिलाते तारे
आरिज़ में सहर के छलके-छलके सागर
ठोड़ी में क़मर[8] के जगमगाते पारे[9]

---

1. शरीर 2. सुबह के तारों का फुव्वारा 3. सुबह का वातावरण 4. चुग़े में 5. प्रभात समीर
6. कपोल 7. संगीत 8. चाँद 9. टुकड़े

जोबन-रस, पिघले चाँद सूरज छलकाय
साँसों की शमीम[1] फ़स्ले-गुल[2] को लहकाय
वो ज़ुल्फ़ कि लय छेड़े हुए शामे-बहार
वो रंगे-बदन कि आँख दिन की खुल जाय

छलबल से भरी नार, दई की मारी
रंगीन   अदाओं   की   शगूफ़ाकारी
छलका   छलका   शबाब,   बदमस्तो-ख़राब
मद पी के सिहाय लम्बी पलकें भारी

सरशार जमाल[3] से शबिस्ताँ[4] निखर आए
रुख़सार में बिजलियों का मसकन[5] नज़र आए
गुफ़्तार[6] सुने तो रागिनी थाम ले दिल
उठते ही क़दम नसीमे-जन्नत[7] थर्राए

वो चेहरा क़मर[8] में सुख़ लहरें जो उठाए
वो गर्दनो-सीना, मयकदा वज्द में आए
वो हुस्ने-शिकम[9], कि जान सूरज में पड़े
बल खाती कमर आकाश-गंगा लहराए

---

1. सुगन्ध 2. वसन्त ऋतु 3. उन्मत्त रूप 4. शयनागार 5. निवास 6. सम्बोधन 7. स्वर्ग-पवन
8. चाँद 9. सुन्दर पेट

वो इक गहरा सुकूत[1] कल रात गए
ताक़ों पे दीये नींद में डूबे-डूबे
पलकें झपका रही थीं जब ठंडी हवाएँ
आना तेरा इक नर्म अचानक पन से

जब प्रेम की घाटियों में साग़र उछले
जब रात की वादियों में तारे छिटके
नहलाती फ़िज़ा को आई रस की पुतली
जैसे शिव की जटा से गंगा उतरे

जब खोल रही हों पहली किरनें पलकें
जब रात समेटती हो महकी अलकें
जब ज़र्रे कुनमुना के आँखें खोलें
तेरी आवाज़ें-पा[2] के सागर छलकें

जब तारों ने जगमगाते नेज़े तोले
जब शबनम ने फ़लक[3] से मोती रोले
कुछ सोच के ख़लवत[4] में बसद नाज़[5] उसने
नर्म उँगलियों से बन्द[6] कबा के खोले

---

1. मौन 2. पदचाप 3. आकाश 4. एकांत में 5. बड़े नाज़ से 6. वस्त्र

जब चाँद ने अमृत की गगर छलकाई
जब हिमगिरि ने सर्द हवा सनकाई
लरज़िश[1] तने-नाजुक में हुई रात गए
या चाँदनी पड़ते ही लता लहराई

जब तारों के कारवाँ हों ठहरे ठहरे
जब कश्तिये-माहे-नौ[2] हो लंगर डाले
जब नींद की साँस कहकशाँ[3] लेती हो
ऐसे में काश तेरी आहट—आए

जब तारों भरी आँखों ने ली अँगड़ाई
नमनाक मनाज़िर ने[4] पलक झपकाई
अब छा गई पुरकैफ़[5] उदासी हर सिम्त
सरशार[6] फ़िज़ाओं को तेरी याद आई

जब आ जाता है ध्यान तेरा ऐ दोस्त
जब बज़्मे-ख़याल हूँ सजाता ऐ दोस्त
अपने को बहुत उससे बड़ा पाता हूँ
ख़ुद को समझे हुए था जितना ऐ दोस्त

---

1. कम्पन 2. नये चाँद रूपी नाव 3. आकाश-गंगा 4. सजल दृश्यों के 5. आनन्द पूर्ण
6. उन्मत्त

जब ज़ुल्फ़े शबे-तार[1] ज़रा लहराई
जब तारों ने पोर उँगलियों की चटकाई
जब चाँद की बल खायी जबीं[2] उभरी ज़रा
ऐसे में तेरी नींद भरी अँगड़ाई

जब जलवा नुमा चाँद लबे-बाम[3] हुआ
जब साग़रे-शब छलका हुआ जाम हुआ
तू सामने आया कि मेरी आँखों को
इस पर्दये-दीदार में इलहाम[4] हुआ

जब रात हो जगमगाती चादर ओढ़े
जब चाँद की आँख से भी गफ़लत टपके
जब साज़े-सुकूत[5] रात हो ऐसे में
गाते क़दमों की गुनगुनाहट आए

जब जुहरा[6] लिये हुए हो हाथों में सितार
जब चर्ख़[7] पर उड़ रहे हों नग़मों के शरार
झपकाते हों आँख जब सितारों के चराग़
ऐसे में हो काश मुझको तेरा दीदार

---

1. काली रात की केश राशि 2. माथा 3. छत पर 4. देववाणी 5. मौन का साज़ 6. सुन्दरता
की देवी 7. आकाश

जब पिछले पहर प्रेम की दुनिया सो ली
कलियों की गिरह पहली किरन ने खोली
जोबन रस छलकाती उठी चंचल नार
राधा गोकुल में जैसे खेले होली

जब सूरज जगमगाते सागर छलकाय
रंगीन शफ़क़[1] की कोर शोलों में नहाय
वो आलमे-रंगो-नूर बर ख़त्ते-उफ़ुक़[2]
तेरे आँचल का जैसे लचका लहराय

जब तारों का कारवाँ निगाहों से छुपा
एक-एक वरक़ रात का चेहरा उतरा
मलती थी अभी आँख ही दोशीज़ा[3] किरन
ऐसे में दबे पाँव वो तेरा आना

जब किरनें हिमालय की चोटी गूँधें
सोये हुए आबशार आँखें खोलें
जब कंचन नीर सी, झलकती हो फ़िज़ा
ऐसे में काश तेरी आहट पा लें

---

1. सांध्य लालिमा 2. क्षितिज की रेखा पर 3. कुँवारी

जब चाँद की वादियों के नग़मे बरसें
आकाश की घाटियों में सागर उछलें
अमृत में धुली हो रात ऐ काश तेरे
पाए-रंगीं की[1] चाप ऐसे में सुनें

जैसे शबे-तार[2] में सितारे टूटें
जैसे गुलज़ार से शरारे फूटें
जिस तरह से झलकियाँ दिखाता है ख़याल
ये आँखें यूँ ही तेरे नज़ारे लूटें

जिस तरह नदी में एक तारा लहराय
जिस तरह घटा में एक कौंदा बल खाय
बरमाये फ़िज़ा को जैसे एक चन्द्र किरन
यूँ ही शामे-फ़िराक़[3] तेरी याद आए

आजा कि खड़ी है शाम पर्दा घेरे
मुद्दत हुई जब हुए थे दर्शन तेरे
मग़रिब से सुनहरी गर्द उट्ठी सुए-क़ाफ़[4]
सूरज ने अग्नि-रथ के घोड़े फेरे

---

1. सुन्दर पैरों की 2. अँधेरी रात 3. विरह की रात 4. क़ाफ़ पर्वत की ओर

दामने-क़ौसे-क़ुज़ह[1]   घटाएँ   जुल्फ़ें
दमके हुए धड़ में बर्क़े नैसाँ[2] की रगें
ये जीवन दान ये चमकते क़तरे
रह-रह के जो हल्क़ में पपीहे के पड़ें

जैसे हो कोई चराग़ धारे पे रवाँ
जैसे बन में हो एक शोला रक़्साँ[3]
जिस तरह दबी चोट उभर आती है
यूँ ही नज़र आए तेरा रुए-ख़ंदा[4]

जिस तरह रगों में ख़ूने-सालेह[5] हो रवाँ
जिस तरह हयात का है मर्कज़[6] रगे-जाँ
जिस तरह जुदा नहीं वजूदो-मौजूद[7]
कुछ इससे ज़ियादा क़ुर्ब[8], ऐ जाने-जहाँ

खुलता ही नहीं हुस्न है पिन्हाँ[9] कि अयाँ[10]
देखे तुझे कोई कैसे ऐ जाने-जहाँ
बँध जाता है एक जलवओ-पर्दा का तिलिस्म
ये ग़ैबो-शहूद[11] आँख मचौली का समाँ

---

1. इन्द्र-धनुष का अंचल 2. बादल की बिजली 3. नृत्यशील 4. मुस्कुराता चेहरा 5. शुद्ध
रक्त 6. केन्द्र 7. अस्तित्व-अनस्तित्व 8. सामीप्य 9. निहित 10. प्रकट 11. प्रकट-अप्रकट

ये ख़ंकी[1], ये रत जगा, ये भारी पलकें
शबनम से धुले बर्गे-चमन[2] भीगी मसें
तारों भरी रात को जमाही आई
रुए-अरक़-आलूद[3] पे लहराई लटें

माँ और बहन भी और चहेती बेटी
घर की रानी भी और जीवन साथी
फिर भी वो कामिनी सरासर देवी
और सेज पे बेसुआ वो रस की पुतली

मँडलाता है पलक के नीचे भँवरा
गुलगूँ रुख़सार[4] की बलाएँ लेता
रह-रह के लपक जाता है कानों की तरफ़
गोया है कोई राज़े-दिल उसको कहना

सानी नहीं तेरा न कोई तेरी मिसाल
किस ख़्वाब की ताबीर[5] है ये शाने-जमाल
सीने में यकसूई[6] के पलते-पलते
जैसे सूरत पकड़ ले यज़दाँ[7] का ख़याल

---

1. शीतलता 2. बाग के फूल 3. पसीने से तर चेहरे 4. पुष्पवर्ण कपोल 5. स्वप्नफल
6. एकाग्रता 7. खुदा

फूलों की सुहाग सेज, ये जोबन रस
सोते में सुहागनी लुटाती हुई जस
करवट-करवट है लहलहाती जन्नत
ये रात ये कुछ हिलते हुए रूप कलस

है तीर निगाह का कि फूलों की छड़ी
क़तरे हैं पसीने के कि मोती की लड़ी
कोमल मुस्कान और सरकता घूँघट
है सुब्हे-हयात[1] उमीदवारों में खड़ी

शबनम में नहाई सुब्ह निखरी-निखरी
है रंगे-बदन[2] कि मुस्कुराती है कली
तस्वीरे-शगुफ़्तगी सबाहत उसकी
है खिलते हुए कंवल की खुशबू से लदी

बन वासियों में जलवए-गुलशन लेकर
तारीकियों में[3] शोलये-ऐमन[4] लेकर
वो हँसती हुई रूप की देवी आई
काँटों में खिले फूल सा जोबन लेकर

---

1. जीवन-प्रभात 2. सुन्दरता 3. अँधेरों में 4. कल्याणकारी शोला

आवाज़ की नग़मगी पपीहे को दी
तक़लीदे-ख़रामे-नाज़[1] हंसों ने की
है नाज़ुकी काँपती लताओं में तेरी
मासूम नज़र हिरन के बच्चे को मिली

कोमल मुस्कियाँ झिलमिलाते तारे
रुख़सारों के ताज़ा फूल प्यारे-प्यारे
तरशी हुई महकी रातें ज़ुल्फ़ों की लटें
अंग-अंग से गीत के उबलते धारे

ऐ रूप की लक्ष्मी ये जलवों का राग
ये जादूये-कामरूप, ये हुस्न की आग
ख़ैरों-बरकत जहाँ में तेरे दम से
तेरी कोमल हँसी मुहब्बत का सुहाग

जोबन रस से रूप की खेती है हरी
लहराती हुई शफ़क़[2] में कमकम सी तरी
आँखों में, सुहाग रात श्रृंगार किए
मोती से माँग, गोद फूलों से भरी

---

1. सुन्दर चाल की नक़ल 2. सांध्य-लालिमा

महके हुए बन से ज़ुल्फ़ खाती हुई मेल
आँखों में हिरन के बच्चे करते हैं कुलेल
जैसे मेरी लय तारों को छू लेती है
परवान चढ़े तू यूँ ही ऐ प्रेम की बेल

दिन डूब चुका है, ये उदाहट, ये बदन
आकाश है सर बसर झलाझल दर्पण
जलते जाते हैं चाँद तारों के चराग़
अब रूप की आरती सजाता है गगन

ख़ुशबू देती है रात रानी तेरी
कटती हुई रात है कहानी तेरी
तारों के भी पड़ चले हैं मोती ठंडे
चटकाती है उँगलियाँ जवानी तेरी

किस बादा[1] से चूर है जवानी तेरी
किन शोलों का नूर[2] है जवानी तेरी
जैसे ज्वालामुखी हो फटने वाला
कितनी भरपूर है जवानी तेरी

---

1. मदिरा 2. प्रकाश

दोशीज़ा किरन कली को जैसे उकसाय
रस, रंग, सुगंद के चरागों को जलाय
इस चन्द्रमुखी की मुस्कुराहट में वो लोच
शबनम में पिघल के जैसे क़ौंदा बल खाय

ये नर्म हवायें, लहलहाता हुआ बाग़
दो वक़्तों के मिल जाने का देते हैं सुराग़
ये निखरा रूप, ये सुकोमल मुस्कान
जिस तरह शफ़क़ के पीछे जलता हो चराग़

झुरमुट में गुलों के जैसे जुगनू चमके
शफ़्फ़ाफ़ सदफ़[1] में जैसे मोती दमके
ऊषा का सुहाग, मुस्कुराहट की ये लौ
घूँघट से शफ़क़[2] के जैसे तारा झमके

जैसे हीरे की आँच का दिल धड़के
पौ ओट से लालिमा की जैसे फूटे
कोमल अधरों पे मुस्कुराहट की ये छूट
किरनों पे जैसे कोई देवी नाचे

---

1. स्वच्छ सीप 2. सांध्य लालिमा

लौ जैसे सुकूत[1] की हो मद्धम-मद्धम
लहरों पर चाँद जैसे नाचे छम-छम
नवरस होंठों पे मुस्कुराहट कम-कम
जीवन-आनन्द जैसे लेता हो जनम

दोशीज़ा शफ़क़[2] का सीना धड़का-धड़का
लहरों पे कंवल का शोला भड़का-भड़का
कोमल अधरों पे ये सुहानी मुस्कान
जिस तरह झलक देता हो पहला तड़का

बल खायी किरन ने जैसे फेंकी हो कमंद
कलियों की चोलियों के खुलने लगे बन्द
सरके-घूँघट से मुस्कुराहट की झलक
ये नर्म दमक, ये रंग, ये रस, ये सुगन्ध

शोलों में बर्गे-गुल[3] हो धुलता जैसे
शबनम में हो शरार घुलता जैसे
होंठों की पंखड़ी पे कोमल मुस्कान
लौ दे उठे रूप की मृदुलता जैसे

---

1. मौन 2. कुँवारी सांध्य लालिमा 3. गुलाब का फूल

खिलते हुए गुलज़ारों के रस और सुगन्द
सतरंग धनुष का लोच बिजली की कमंद
ऋतु-राज की अँगड़ाई ऊषा के संगीत
कोमल मुस्कान तेरी चुटकी में है बंद

आँखों में कुनमुना रही है बिजली
वो धज कि हो जैसे रागिनी आ के खड़ी
वो रूप कि जीता जागता जीवन स्वप्न
वो रंग ऊषा के जैसे अधरों पे हँसी

हर साँस में गुलज़ार से ख़िल जाते थे
हर लमहा[1] में जन्नत की हवा खाते थे
क्या तुझको मुहब्बत के वो अय्याम[2] हैं याद
जब परदये-शब[3] बजते थे दिन गाते थे

वो आँख खुली, दिन की करामात हुई
हर मस्त निगाह रम्ज़ो-किनायात[4] हुई
छलकाता हुआ मयकदा दिन डूब गया
गेसूये-सियह ताब[5] खुले रात हुई

---

1. क्षण 2. दिन 3. रात के पर्दे 4. संकेत 5. काले केश

जिस तरह असावरी के दिल की धड़कन
जैसे पिछले पहर का महका हुआ बन
जैसे खिलते कंवल के सीने की उमंग
छलका पड़ता है मद में डूबा जोबन

उन अँखड़ियों में सुरूर हल्का-हल्का
मुखड़े में बिहाग राग दहका-दहका
जैसे देवी खड़ी हो झुरमुट मारे
माथे का चन्द्रलोक दमका-दमका

होंठों पे लरज़ रहे हैं पैग़ामे-हयात[1]
अनफ़ास[2] की लय में जज़्ब रूहे-नग़मात[3]
आँखों में पलक खोले हुए सुब्हे-बहार
ज़ुल्फ़ों की ओट कुनमुनाती बरसात

वो चेहरा, सुता हुआ वो हुस्ने बीमार
बेचैनी की रूह को भी आता था प्यार
देखा है कर्ब[4] के आलम में तुझे
होता था सुकून[5] लाख जानों से निसार

---

1. जीवन संदेश 2. श्वास 3. संगीत की आत्मा 4. कष्ट 5. शान्ति, आराम

वो नब्ज़ की मौजे-दूद[1] वो सोज़े दरूँ[2]
नर्म उलटी साँसें और वो हाले-ज़ुबूँ[3]
है शिव का रक़्स हुस्न का आलमे-नज़ा[4]
रग-रग में मौजे-गर्म चेहरे पे सुकूँ

अफ़्सुर्दा फ़िज़ा पे जैसे छाया हो हिरास[5]
दुनिया को कोई हवा भी आती नहीं रास
डूबी जाती हो जैसे नब्ज़े-कौनैन[6]
किस बात पे हुस्न आज इतना है उदास

दिल किसलिये बेक़रार सर ता सर है
क्यों तू कभी मरहम है कभी खंजर है
है इश्क़ तो मावराये-आलामो-निशात[7]
और हुस्नो-वफ़ा से बालातर है

रह-रह के कोई क़द-जमाल[8] आँकता है
रंगीन फ़िज़ाओं को कोई साँकता है
पड़ती है तेरे चेहरे पे ये नर्म-सी छूट
या वक्त के रखनों से[9] अबद झाँकता है

---

1. धुएँ की लहर 2. भीतरी तपन 3. दुर्दशा 4. चन्द्रा-स्थिति 5. भय 6. दोनों लोकों की नाड़ी
7. दुःख-सुख के परे 8. रूप का मूल्य 9. बाधाओं से

हैं एक शहूदो-ग़ैब[1], इन दोनों की
हर ख़त्ते-बदन में सरहदें मिलती हुई
सरता ब क़दम आलमे-असरार[2] है हुस्न
मानी सूरत है, और सूरत मानी

कहती हैं यही तेरी निगाहें ऐ दोस्त
निकलीं नयी ज़िन्दगी की राहें ऐ दोस्त
क्यों हुस्नो-मुहब्बत से न ऊँचे उठ के
दोनों एक दूसरे को चाहें ऐ दोस्त

क्यों हिम्मत आसमान से हारें ऐ दोस्त
क्यों हमसे चलें ज़मीं की घातें ऐ दोस्त
हम बैठ चुके हैं तेरे क़दमों में कभी
हम देखे हुए हैं तेरी आँखें ऐ दोस्त

ग़ाफ़िल कशिशे-हुस्न से बचना बे सूद
खिंचते आते हैं बज़्मे-इमकां[3] के हुदूद[4]
चुटकी में जमाही की है दामाने-अदम[5]
अँगड़ाई के हाथों में गरीबाने-वजूद[6]

---

1. अप्रकट साक्षी 2. रहस्य की स्थिति 3. सम्भावनाओं की सभा 4. सीमायें 5. अनस्तित्व
का आँचल 6. अस्तित्व का दामन

पड़ने लगा मांद चन्द्रमा का आकार
धुँधलाने लगा फ़लक[1] पे तारों का ग़ुबार
झिलमिल पुरवाई में पवन रस डोले
चटकाती है पोर उँगलियों की सुब्हे-बहार

चितवन में सादगी भी पुरकारी भी
आँखें कुछ ढीट और कुछ चौंकी हुई
चढ़ते दिन में सहर[2] की जैसे नर्मी
जोबन रस में झलक है बालेपन की

करुण रस की सुरीली कविता है बदन
उठते हुए दर्द का तराना है बदन
राधा के आँसुओं के हिलते हुए तार
कुछ गोपियों के बिरह की पीड़ा है बदन

कितना भरपूर दिन था, तू था जब पास
गाते हुए लमहों का वो रंगीं एहसास
जाते ही तेरे हुआ वो आलम जैसे
त्योहार के बाद शाम सूनी और उदास

---

1. आकाश 2. सुबह

ज़ंजीरे-हयाते-बहरो-बर[1]   हिलती   है
उपवन बन में कली-कली खिलती है
बज़्मे-फ़ितरत को, ऐ बहारों की बहार
तेरे   हाथों   से   ज़िन्दगी   मिलती   है

बन-बन के मिटे हैं और मिट-मिट के बने
जीने-मरने   के   गुर   सभी   ने   सीखे
तू जाने[2]-ममात, तू हयातों की हयात
शाइस्तये-मरग़ोज़ीस्त[3]   इंसाँ   को   करे

यकसर[4] वो तबस्सुम है तमाम आँसू है
हमा[5] शबनमो-गुल, तमाम रंगो-बू है
पलकों   की   ओट   में   तिलिस्मे-हस्ती
आँखें हैं कि कामरूप का जादू है

किश्ती   पर   चाँदनी   में   सैरे   दरया
आईना नुमा, ये नर्मो-शफ़्फ़ाफ़ हवा
पैदा हरकत से है सुकूँ की तस्वीर
चप्पू चलना बदन का कम-कम हिलना

---

1. जल-थल रूपी जीवन की ज़ंजीर 2. मृत्यु की आत्मा 3. जीवन तथा मृत्यु 4., 5. समग्र
का जानकार

ये   आलमे-रंगो-बू   ये   क़दे-राना[1]
वो   आमदे-सूए-जां   निसारो-शैदा
रफ़्तार में वो लहक, वो जस्त और उभार
जिस तरह गगन खेलता जाये दरया

वो रूप कि कामदेव जिसका हो शिकार
वो रंग ऊषा ने जैसे छेड़ा हो सितार
वो होठों का रस जाने-तरावत हर बूँद
वो गात कि सर से एड़ियों तक चुमकार

रुख़सारों पे[2] जुल्फ़ों की घटा छायी हुई
आँसू की लकीर आँखों में लहराई हुई
वो दिल उमड़ा हुआ वो प्रेमी से बिगाड़
आवाज़ ग़मो-गुस्सा से भर्राई हुई

हैं उठती जवानियाँ कि जीवन का ओज[3]
अलकों में फँसे दिलों की मिलती नहीं खोज
वो रस जो छलक के कम न होने पाये
ऐसे रस से भरे हैं आँखों के सरोज

---

1. सुन्दर क़द 2. कपोलों पर 3. शिखर

गेसू के बनाव में लहकते हैं भुजंग
पैकर के रचाव में खनकती हुई चंग[1]
आँखों के झुकाव में है ख़लवत[2] की उमंग
सीने के तनाव में पखावज की तरंग

अंग-अंग में लय बजते हुए साज़ों की
सर ता ब क़दम कहकशाँ[3] गाती हुई
ये रात गये रूप के संगीत का लोच
आवाज़ में जैसे लग गई हो पत्ती

होंठों पे पयामे-लुत्फ़[4] आने भी न दे
दम भर को हिजाबे-नाज़ उठाने भी न दे
ये इश्क़े-हज़ीं[5] पे मेहरबानी कैसी
जो हुस्न को खिल के मुस्कुराने भी न दे

वो होंठ डरे-डरे निगाहों से दुआ
मासूम आँखों में अश्क[6] छलका-छलका
ये जहाँ वफ़ा को हुस्न करता है क़ुबूल
या विष का प्याला शिव ने हाथों में लिया

---

1. सितार ऐसा साज़ 2. एकांत 3. आकाश-गंगा 4. प्रणय-संदेश 5. शोकातुर इश्क 6. आँसू

ये चैत की चाँदनी में आना तेरा
अंग-अंग है निखरा हुआ लहराया हुआ
रस और सुगन्ध से जवानी बोझल
एक बाग़ है बौर आए हुए आमों का

रग-रग में थरथराते रस का ये उबाल
जिस तरह छलक रहा हो मीनाए-जमाल[1]
ये बल खाती हुई सुनहरी लहरें
शफ़्फ़ाफ़ बदन है या तुलूए सय्याल[2]

रंगीन जबीं,[3] सुब्हे-चमन का आलम[4]
बालों में उमड़ते हुए घन का आलम
सर   ता   सर   रुकशे-बहारे-फ़िरदौस[5]
बरसात में लहलहाते बदन का आलम

आँचल के तले दमकते जोबन की ये लौ
सारी के चुनाव में लचकते माहे-नौ[6]
ठोड़ी पे जगमगाती किरनों की ये छूट
महरम[7] के घाट पे वो फटती हुई पौ

---

1. सौन्दर्य रूपी मदिरा पात्र 2. तरल सूर्योदय 3. माथा 4. स्थिति 5. स्वर्ग के वसन्त का
प्रतिद्वंद्वी 6. नये चाँद 7. अँगिया

पलकों पे पड़ रही है अमृत की फुवार
जोबन में बसंत की तरंगों का उभार
ये दीप शिखा सी नाक कलिका से अधर
वो रंग कि कर रही है ऊषा श्रृंगार

मुँह उठाये हिरन के बच्चे कोमल लोचन
पौ फटने की झंकार लिये मधुर वचन
कम्पित है असावरी कि अलकों की लटें
दीपक का नर्म राग सुकुमार बदन

तू हर लहज़ा[1] कुछ और आता है नज़र
हर जलवा है पहले जलवे से नाजुक तर
हर ख़ते-बदन[2] में जज़्ब[3] नग़मे जैसे
सोती हैं हक़ीक़तें[4] लबे-शायर पर[5]

बल खायी किरन है नाजुक क़ामत[6]
दीपक की नर्म लौ सी हँसती सूरत
तारे की तरह हसीं, जब एक ही हो
दिन डूबे जबीने-आसमाँ की ज़ीनत[7]

---

1. क्षण 2. शरीर-रेखा 3. समाए हुए 4. वास्तविकताएँ 5. कवि के होंठों पर 6. शरीर, क़द
7. आकाश के माथे की शोभा

रस में डूबी तो और निखरी शोख़ी
धुलकर शबनम से जैसे खिलती हो कली
मासूम है कितनी रूठ जाने की अदा
आँखों में सिरश्क[1] और होंठों पे हँसी

रंगत तेरी कुछ और निकल आती है
ये आन तो हूरों को भी शर्माती है
कटते ही शबे-विसाल[2] हर सुब्ह कुछ और
दोशीज़गिये-जमाल[3] बढ़ जाती है

छन-छन के पड़े जहाँ सितारों की किरन
परियाँ ख़ुद दें जिसे हवाये दामन
वो रूप नगर का बन है रमना तेरा
चरते हैं जहाँ चाँद की देवी के हिरन

मोती के हार बन के फूलों में रही
रातों का चराग़ बन के तासुब्ह[4] जली
पर लग गए जब सहर[5] के गुँचे चटके
पड़ते ही किरन उड़ी वो शबनम की परी

---

1. आँसू 2. मिलन (संभोग) की रात 3. रूप का कुँवारापन 4. सुबह तक 5. सुबह

ये पिछली रात, रूप बेसुध है निपट
आती है काँपती लताओं की लपट
ये आधे बदन तक खुले अलकों की लटें
ये रंग-बदन, ये महकी-महकी करवट

आहट है नसीम[1] की हुज़ूरी का पयाम
झुकते चमन वाले अदब का है मक़ाम
फूलों में खड़ा जाम-ब-कफ़[2] वक़्ते-सहर
गुलज़ारे-जहाँ का कोई लेता है सलाम

मशरिक़ से जूये-शीर[3] बहने लगी जब
काफ़ूर हुई दह्र[4] से तारीकिये-शब[5]
उट्ठा कोई नींद से समेटे गेसू
एक नर्म दमक लिये जबीं का पूरब

क्या रात गए रंग हैं गुलज़ारों के
गुल भीगे हुये शोले हैं अंगारों के
ये गेसुये-पुरख़म, ये शबिस्ताने-जमाल[6]
ये जलते दीये चम्पई रुख़सारों के

---

1. मंद समीर 2. हाथ में जाम लिये 3. दूध की नदी 4. संसार 5. रात का अँधेरा 6. रूप का शयनागार

लहराई हुई शफ़क़[1] में ऊषा का ये रूप
ये नर्म दमक मुखड़े की सज-धज है अनूप
तेरा भी उड़ा-उड़ा-सा आँचल ज़र तार
घूँघट से वो छनती हुई रुख़्सारों की[2] धूप

महका-महका चमकते बालों का बन
निखरा-निखरा दमकते चेहरे का चमन
सिमटा-सिमटा हया से हर अज़्वे-बदन[3]
चौंके-चौंके सियाह आँखों के हिरन

ये पौ फटती हुई शफ़क़ के शोले
पंखड़ियों पर गुलों की नम[4] के क़तरे
ये नर्म सबाहते-लक़ाये-रंगीं[5]
ये चेहरए-तर ये होंठ भीगे-भीगे

तारे छुपते चले झलाझल है फ़िज़ा
रफ़्तारे-सुक़ूँ नुमा[6] से चलती है हवा
हुस्ने-ख्वाबीदा[7] है कि फूली है शफ़क़
है रूप की सुब्ह का सुहाना तड़का

---

1. सांध्य लालिमा 2. कपोलों की 3. शरीर का अंग 4. नमी 5. रूप के दर्शन की सुन्दरता
6. शान्त गति 7. निन्द्रित सौन्दर्य

अफ़लाक[1] पे जब पर्चमे-शब[2] लहराया
साक़ी ने भरा सागरे-मय छलकाया
कुछ सोच के कुछ देर तअम्मुल करके
इसने भी ज़रा पर्दये-रुख़ सरकाया

ये मौजे नसीम[3] ये सुहाना तड़का
दामाने-शफ़क़[4] फ़िज़ा में लटका-लटका
पूरब को मुँह किये सुहागिन है खड़ी
आँचल दोशे-हंसी से ढलका-ढलका

छलकाये जैसे कोई सागर भर के
रुख़सारों को ख़्वाबे-रोज़े-रौशन करके
बादल की तहों से माहे-कामिल[5] निकला
अमृत में धुली जबीं से[6] गेसू सरके

अफ़लाक को कुछ आई हुई अँगड़ाई
रग-रग में कसक चलती हुई पुर्वाई
आँखों में निकलते पैठते दिन की बहार
ऐसे में दबे पाँव जवानी आई

---

1. आकाश 2. रात का झंडा 3. मंद समीर का झोंका 4. सांध्य लालिमा का आँचल 5. पूर्ण चाँद 6. माथे से

कुछ बढ़ता हुआ शफ़क़[1] के दिल का धड़का
कुछ शोलये-साज़े-सुबह भड़का-भड़का
वो जिस्म की नर्म जोत कपड़ों के तले
आँखों के पयाम का सुहाना तड़का

ये सन्नाटा, समाँ की ये बुलअजबी[2]
तारों का ये तरन्नुमे-ज़ेरे लबी[3]
एक नग़मये-राज़ है निगाहों का सुकूत
ये अध-खुली आँख जादुए-नीमशबी[4]

जाड़ों में मुँह अँधेरे संगम का समाँ
जलवे गंगो-जमन के कुहरे में निहाँ
मुखड़े पे झुटपुटे में तारों की वो छाँव
वो गेसुए-ख़म ब ख़म की ख़ुशबू का धुवाँ

वो मतलये-सुब्ह रक़्स करती किरनें
दोशीज़ा फ़िज़ा में जैसे कलियाँ-सी खिलें
लौ देती जबीने-नाज़[5] हुस्ने मतला
ख़ुशबू और कमसिनी की नाज़ुक मौजें

---

1. सांध्य-लालिमा 2. विचित्रता 3. होंठों में गुनगुनाना 4. आधी रात का जादू 5. सुन्दर माथा

ये रूप की मोहनी ये अबरू के हिलाल[1]
अंग-अंग की ये लचक ये गाती हुई चाल
ये लोच हवाये-शाम जिस पर हो निसार
आँचल में लिये हज़ारों तारों का जमाल

धीमा-धीमा सा नूर जैसे तहे-साज़[2]
बढ़ता जाता है छिटके तारों का गुदाज़
लेती हैं जमहाइयां ये बातें तेरी
सरगोशियाँ जिस तरह करें आलमे-राज़[3]

पूरे जोबन पे जैसे महकी हुई रात
कलियों में जैसे मौजज़न[4] रूहे-नबात[5]
वो आलमे-रंगो-बू है तुझ पर ऐ दोस्त
शायर के लबों पे जैसे पैग़ामे-हयात

ढलका आँचल दमकते सीने पे अलक
पलकों की ओट मुस्कुराहट की झलक
वो माथे की कहकशाँ[6] मोती भरी माँग
वो गोद में चाँद-सा हुमकता बालक

---

1. नये चाँद 2. साज़ के नीचे (मद्धम स्वर) 3. रहस्य-स्थिति 4. तरंगित 5. वनस्पति की आत्मा 6. आकाश-गंगा

आँगन में लिये चाँद के टुकड़े को खड़ी
हाथों पे झुलाती है उसे गोद भरी
रह-रह के हवा में जो लोका देती है
गूँज उठती है खिलखिलाते बच्चे की हँसी

नहला के छलके-छलके निर्मल जल से
उलझे हुए गेसुओं में कंघी करके
किस प्यार से देखता है बच्चा मुँह को
जब घुटनियों में ले के है पिन्हाती कपड़े

दीवाली की शाम घर पुते और सजे
चीनी के खिलौने जगमगाते लावे
वो रूपवती मुखड़े पे लिये एक नर्म दमक
बच्चे के घरौंदे में जलाती है दीये

गुल हैं कि रुख़े-गर्म के[1] हैं अंगारे
बालक के नयन से टूटते हैं तारे
रहमत का फ़रिश्ता बन के देती है सज़ा
माँ ही को पुकारे और माँ ही मारे

---

1. गर्म मुखड़े के

किस प्यार से दे रही है मीठी लोरी
हिलती है सुडौल बाँह गोरी-गोरी
माथे पे सुहाग आँखों में रस, हाथों में
बच्चे के हिंडोले की चमकती डोरी

आँगन में ठुनक रहा है, ज़िद्दियाया है
बालक तो हई चाँद पे ललचाया है
दर्पन उसे दे के कह रही है माँ
देख आइने में चाँद उतर आया है

किस प्यार से होती है ख़फ़ा बच्चे से
कुछ त्योरी चढ़ाये हुए, मुँह फेरे हुए
इस रूठने पर प्रेम का संसार निसार
कहती है कि ''जा तुझसे नहीं बोलेंगे''

रक्षा बंधन की सुब्ह, रस की पुतली
छायी है घटा गगन की हल्की-हल्की
बिजली की तरह लचक रहे हैं लच्छे
भाई के है बाँधती चमकती राखी

दोशीज़ा फ़िज़ा में[1] लहलहाया हुआ रूप
आईनये-सुब्ह में[2] झलकता हुआ रूप
ये नर्म निखार, ये सजल धज, ये सुगन्ध
रस में है कुँवारेपन के डूबा हुआ रूप

मंडप के तले खड़ी है रस की पुतली
जीवन साथी से प्रेम की गाँठ बँधी
महके शोलों के गिर्द भाँवर के समय
मुखड़े पर नर्म छूट सी पड़ती हुई

आँखों में सिरश्क[3], जगमगाता मुखड़ा
वो जश्ने-रुख़सती, सुहाना तड़का
झुरमुट में सहेलियों के उठते हैं क़दम
वो घर की औरतों का बाबुल गाना

तकियों के आसपास अलकों की लटक
आँचल के तले कुवों के जलते दीपक
वो सेज पे जगमगाती किरनों की छूट
वो माथे पर सुहाग तारे की झलक

---

1. कुँवारे वातावरण में 2. सुबह के आईने में 3. आँसू

ये राज़ो-नियाज़ और ये समय ख़लवत[1] का
ये आँख में आँख डाल देना तेरा
हिरनी है डरी-डरी सी और कुछ मानूस
ये नर्म झिजक सिपुरदगी[2] की ये अदा

अंग-अंग के लोच में वो शाने-तसख़ीर[3]
झमझम बजती हुई कमर की ज़ंजीर
हंगामे-विसाल[4] पेंग लेता हुआ जिस्म
बे लाग हिंडोल राग की है तस्वीर

जब रात गये सुहाग करती है निगाह
दिल में शबे-माह के उतरती है निगाह
रतनार नयन से फूटती हैं किरनें
या कहकशाँ[5] की माँग भरती है निगाह

है ब्याहता, पर रूप अभी कुँवारा है
माँ है, पर अदा जो भी है दोशीज़ा[6] है
वो मोद भरी, माँग भरी, गोद भरी
कन्या है, सुहागिन है जगत माता है

---

1. एकांत 2. समर्पण 3. वशीकरण की शान 4. मिलन (संभोग) के समय 5. आकाश-गंगा
6. कुँवारी

ये हल्के, सलोने, सांवलेपन का समाँ
जमुना-जल में और आसमानों में कहाँ
सीता पे स्वयंवर में पड़ा राम का अक्स[1]
या चाँद के मुखड़े पे है ज़ुल्फ़ों का धुवाँ

मधुबन के बसन्त सा सजीला है वो रूप
वर्षा ऋतु की तरह रसीला है वो रूप
राधा की झपक, कृष्ण की बरज़ोरी है
गोकुल नगरी की रास लीला है वो रूप

तू हाथ को जब हाथ में ले लेती है
दुःख दर्द ज़माने के मिटा देती है
संसार के तपते हुए वीराने में
सुख, शान्ति की गोया तू हरी खेती है

लचका-लचका बदन मुजूस्सम[2] है नसीम[3]
महका-महका वो चेहरा साँसों की शमीम[4]
दोशीज़गिये-जमाल[5],   सुब्हे-जन्नत
गाते हुए नर्म गाम[6], मौजे-तसनीम[7]

---

1. प्रतिबिम्ब 2. सत्कार 3. मृदु समीर 4. सुगन्ध 5. रूप का कुँवारापन 6. डग 7. स्वर्ग के
सरोवर की तरंग

लचकीला गात, और अवस्था है किशोर
वो चाल कि जैसे मिल के नाचें सौ मोर
कूक उठती हैं कोयलें, वो काली जुल्फ़ें
मुँह ताकता है चन्द्रमा के धोके में चकोर

छिड़काव हुए चबूतरे पर कुछ नम
बैठी है सुहागनी, बदन में कुछ ख़म
चुटकी से शुआए-नूर[1] बरसाती हुई
है दीदनी[2] चौक पूरने का आलम

है मांद फ़लक[3] पे कहकशाँ का भी निखार
यूँ पूर रही है चौक वो जाने-बहार
बल खायी लकीरें हैं कि चलता जादू
बढ़ती हुई चुटकियों की जुंबिश[4] के निसार

चौके की सुहानी आँच, मुखड़ा रौशन
है घर की लक्ष्मी पकाती भोजन
देते हैं करछुली के चलने का पता
सीता की रसोई के खनकते बर्तन

---

1. प्रकाश की किरन 2. दर्शनीय 3. आकाश 4. थरथराहट, हिलना-डोलना

किस तरह सुकूं नुमा[1] हैं अबरू के हिलाल[2]
ख़ैरो-बरकत के धन लुटाती हुई चाल
जीवन साथी के आगे देवी बनकर
आती है सुहागनी सजाये हुए थाल

प्रेमी के साथ खाने का वो आलम
फुलके पे वो हाथ जिस्मे-नाजुक में वो ख़म
लुक़्मे[3] के उठाने में कलाई की लचक
दिलकश कितना है मुँह का चलना कम-कम

जब झूला झूलने में सावन वो गाये
करवट क़ौसे-कुज़ह[4] को रह-रह के दिलाये
वो पेंग बढ़ाने में लचकता हुआ जिस्म
आईनये-नीलगूँ में[5] बिजली लहराये

ऊदी-ऊदी गगन पे छायी है घटा
साजन के वियोग में सुता सा मुखड़ा
अब सोच सिंगार की कि आते हैं पिया
पड़ने लगी रस की बूँद कागा बोला

---

1. शान्तिप्रद 2. नये चाँद रूपी भौएँ 3. कौर 4. इन्द्रधनुष 5. हल्के नीले रंग के आईने में

हौदी पे खड़ी खिला रही है चारा
जोबन रस अँखड़ियों से छलका-छलका
कोमल हाथों से है थपकती गर्दन
किस प्यार से गाय देखती है मुखड़ा

वो गाय को दुहना वो सुहानी सुब्हें
गिरती हैं भरे थन से चमकती धारें
घुटनों पे वो कलस का खनकना कम-कम
या चुटकियों से फूट रही हैं किरनें

मथती है जमे दही को रस की पुतली
अलकों की लटें कुचों पे लटकी-लटकी
वो चलती हुई सुडौल बाँहों की लचक
कोमल मुखड़े पर एक सुहानी सुरखी

आँखें हैं कि पैग़ाम मुहब्बत वाले
बिखरी हैं लटें कि नींद में हैं काले[1]
पहलू से लगा हुआ हिरन का बच्चा
किस प्यार से है बग़ल में गर्दन डाले

---

1. काले साँप

करवट से सो रही है खोले गेसू[1]
पौ फटती है या झलक रहा है पहलू
पल कर मानूस हो गया है[2] कितना
तलवों से मल रहा है आँखें आहू[3]

हम्माम में उर्यानिये-तन[4] का आलम
पैकर[5] धुँधलके में झलकता कम-कम
एक हल्की थरथरी सी सर से पा तक
शबनम से धुली शफ़क़[6] खाती है क़सम

निर्मल जल से नहा के रस की पुतली
बालों से अर्गजे की .खुशबू लिपटी
सतरंग धनुष की तरह बाँहों को उठाये
फैलाती है अलगनी पे गीली साड़ी

निखरी-निखरी नयी जवानी दमे-सुब्ह
आँखें हैं सुकून[7] की कहानी दमे-सुब्ह
आँगन में सुहागनी उठाये हुए हाथ
तुलसी पे चढ़ा रही है पानी दमे-सुब्ह

---

1. केश 2. हिल-मिल गया है 3. हिरन 4. शरीर की नग्नता 5. शरीर 6. सांध्य-लालिमा
7. शान्ति

आँगन में सुहागनी नहा के बैठी हुई
रामायण ज़ानुओं पे रक्खी है खुली
जाड़े की सुहानी धूप खुले गेसू की
परछाई चमकते सफ़हे[1] पर पड़ती हुई

मासूम जबीं और भवों के ख़ंजर
वो सुब्ह के तारे की तरह नर्म नज़र
वो चेहरा कि जैसे साँस लेती हो सहर
वो होंठ तमानिअत[2] की आभा जिन पर

अमृत वो हलाहल को बना देती है
गुस्से की नज़र फूल खिला देती है
माँ लाडली औलाद को जैसे ताड़े
किस प्यार से प्रेमी को सज़ा देती है

प्यारी तेरी छवि दिल को लुभा लेती है
इस रूप से दुनिया की हरी खेती है
ठंडी है चाँद की किरन सी लेकिन
ये नर्म नज़र आग लगा देती है

---

1. माथा 2. सन्तोष

ज़ुल्फ़े-पुरख़म[1] इनाने-शब[2] मोड़ती है
आवाज़ तिलिस्मे-तीरगी[3] तोड़ती है
यूं जलवों से तेरे जगमगाती है ज़मीं
नागिन जिस तरह केचुली छोड़ती है

वो काली रात की कमन्दें टूटीं
रंगीन शुआएं तीर बन कर छूटीं
वो जूड़े गेसुए-परीशाँ के बँधे
वो नर्गिसे-सुर्मगीं[4] से किरनें फूटीं

उड़कर वो कबूतरों की टुकड़ी उतरी
वो रूप कि लक्ष्मी है स्वागत को खड़ी
दहके चेहरे पे फड़फड़ाते हुए पर
काँधों पर सीना और सर पर बैठी

आँसू से भरे-भरे वो नयना रस के
साजन कब ऐ सखी थे अपने बस के
ये चाँदनी रात ये बिरह की पीड़ा
जिस तरह उलट गई हो नागिन डस के

---

1. पेचदार केश राशि 2. रात की लगाम 3. अँधेरे का जादू 4. सुर्मा लगी आँखों से

प्रेमी को बुखार, उठ नहीं सकती है पलक
बैठी हुई है सिरहाने, मांद मुखड़े की दमक
जलती हुई पेशानी पे रख देती है हाथ
पड़ जाती है बीमार के दिल में ठंडक

चेहरे पे हवाइयाँ निगाहों में हिरास[1]
साजन के बिरह में रूप कितना है उदास
मुखड़े पे धुवाँ-धुवाँ लताओं की तरह
बिखरे हुए बाल हैं कि सीता बनवास

पनघट पे गगरियाँ छलकने का ये रंग
पानी हचकोले ले के भरता है तरंग
काँधों पे, सरों पे, दोनों बाँहों में कलस
मद अँखड़ियों में, सीनों में भरपूर उमंग

ये ईख के खेतों की चमकती सतहें
मासूम कुँवारियों की दिलकश दौड़ें
खेतों के बीच में लगाती हैं छलाँग
ईख उतनी उगेगी जितना ऊँचा कूदें

---

1. भय

ये रूप मदन के भी ख़ता हों औसान[1]
ये सज जो तोड़ दे रती का अभिमान
फीकी पड़ती है धूप ये जोबन, जोत
ये रंग कि आँख खोल दे जीवन गान

लहरों में खिला कंवल नहाये जैसे
दोशीज़ये-सुब्ह गुनगुनाये जैसे
ये कोमल रूप का सुहानापन आह
बच्चा सोते में मुस्कुराये जैसे

ऊषा पिछले को कुनमुनाये जैसे
रस गुल की नज़र में थरथराये जैसे
ये पैकरे-नाज़नीं का[2] आलम दमे-सुब्ह
अंगड़ाई सी शफ़क़[3] को आये जैसे

दोशीज़ा[4] बहार मुस्कुराये जैसे
मौजे-तसनीम[5] गुनगुनाये जैसे
ये शाने-सुबुकरवी,[6] ये खुशबूये बदन
बल खाती हुई नसीम[7] गाये जैसे

---

1. होश उड़ जायें 2. सुन्दरी के शरीर का 3. सांध्य-लालिमा 4. कुँवारी 5. स्वर्ग की नदी की तरंग 6. मंद गति की शान 7. मृदु समीर

गुंचे को नसीम[1] गुदगुदाये जैसे
मुतरिब[2] कोई साज़ छेड़ जाये जैसे
ये फूट रही है मुस्कुराहट की किरन
मन्दिर में चराग़ झिलमिलाये जैसे

नग लाले-यमन का[3] जगमगाये जैसे
दीपक का शरार थरथराये जैसे
माथे पे वो सुहाग बेंदी की झलक
तारा सरे-चर्ख़[4] झिलमिलाये जैसे

पिछले को चराग़ झिलमिलाये जैसे
बज़्मे-मह को जमाही आये जैसे
ये अँगड़ाई, ये पैकरे-ख़्वाब-आलूद
रंगीनी छलक-छलक सी जाये जैसे

जादू, वो झुकी पलक जगाये जैसे
पड़ते हों खुली फ़िज़ा पे साये जैसे
हैं फ़र्श से ता अर्श[5], दो आलम मख़मूर
कौनैन को[6] मीठी नींद आये जैसे

---

1. मृदु समीर 2. गायक 3. यमन देश के लाल (हीरे) का 4. आकाश पर 5. धरती से आकाश
तक 6. दोनों लोकों को

तारीख़   नक़ाबे-रुख़[1]   उड़ाये   जैसे
झुरमुट   तारों   का   मिल   के   गाये   जैसे
ये   कश्फ़ो-करामात[2]   दमे-नज़्ज़ारा
सदियों   का   हिसाब[3]   टूट   जाये   जैसे

थी   गेसुये-शब   में[4]   थरथराहट   कम-कम
नमनाक   फ़िज़ाओं   में   उदाहट   कम-कम
वो   जोत   बदन   की   पैरहन[5]   में   जैसे
तारों   की   किरन   में   लपलपाहट   कम-कम

थी   सर्द   हवा   में   सनसनाहट   कम-कम
ख़्वाबीदा   फ़िज़ा   में[6]   कुनमुनाहट   कम-कम
वो   भींच   के   चूम-चूम   लेना   तेरा
वो   नर्म   क़बा   की[7]   सरसराहट   कम-कम

छुपते   तारे,   सहर   की   आहट   कम-कम
सीने   में   उफ़ुक़[8]   के   कपकपाहट   कम-कम
बिस्तर   से   तेरा   वो   मुँह   अँधेरे   उठना
ताज़ा   पैकर[9]   में   लहलहाहट   कम-कम

---

1. मुख पट 2. चमत्कार 3. लज्जा आवरण, 4. रात के केशों में 5. लिबास 6. सोये वातावरण में 7. चुग़े की 8. क्षितिज 9. शरीर

मिलती थी अभी सहर की आहट कम-कम
थी ऊदी फ़िज़ा में जगमगाहट कम-कम
पहलू से मेरे वो तेरा सोकर उठना
उजले कपड़ों की मलगजाहट कम-कम

रग-रग में जवानी की सुलगती हुई आग
रत्नार आँखों का रसमसाता हुआ फाग
हर खत्ते-बदन[1] की जगमगाती हुई लौ
वो रूपवती पाँव से सर तक है सुहाग

हर इशवे[2] का कुछ भेद भरम लेने दे
हर लाये हुए रंग को जम लेने दे
ऐ प्रेम के सेज की रसीली पुतली
इतना भी न छेड़ कुछ तो दम लेने दे

खामोश लबों से गुलसितां झड़ता है
दीदा[3] है कि सौ मैकदों से लड़ता है
ऐ रश्के-चमन,[4] लहलहे बदन पे तेरे
सौ गुलशनों का रंग फटा पड़ता है

---

1. शरीर रेखा 2. नाज़-नख़रे 3. आँख 4. फुलवारी की ईर्ष्या

रफ़्तार में मँडलाती घटाओं का उभार
गुफ़्तार[1] में दोशीज़ा शगूफ़ों का निखार
पैकर की लै में लहने-दाऊद[2] के बोल
फ़िदौ से-नज़र[3] लहलहे जोबन का उभार

मधु-मास में जैसे जाग उठता है चमन
जिस तरह फटा पड़े फबकता जोबन
हुशियारो-मस्त आँखें हैं, जोबन, चितचोर
मस्ती में सराबोर खुद-आगाह[4] बदन

आँखें, कि खिले कंवल में जलते हैं दीये
रुख़सार,[5] कि नर्म भैरवी के शोले
जुलमात[6] की मँझधार ख़मे-गेसू में
होंठों के गोशवारे[7] कौंदे के सिरे

पलकों की ओट में हैं असरारे-हयात[8]
साँसों की नर्म लै में रूहे-नग़मात
ऐ, मस्ते-शबाब, हुस्ने-काफ़िर की तेरे
मस्ती है कि बाल खोले बरसात की रात

---

1. बात-चीत 2. दाऊद : एक पैग़म्बर जिनका स्वर बहुत मधुर था, लहन : चतुराई 3. दृष्टि-सुख
4. स्व-परिचित 5. कपोल 6. अँधेरे की 7. लटकन 8. जीवन-रहस्य

मासूमिये हुस्न छेड़ जाये जिसका
नर्मिये-जमाल[1]   गुदगुदाये जिसको
कुछ पूछ न ऐसी लाजवंती की हया
शर्माते हुए भी शर्म आए जिसको

इन आँखों के नश्शे न बढ़ें और न घटें
वो नर्म सबाहत[2] कि पवैं जैसे फटें
वो मस्त-ख़रामी[3], कि फ़िज़ा गाये मल्हार
वो आधे बदन तक घनी ज़ुल्फ़ों की लटें

आँखों में बहार की हैं सुब्हें पलती
ज़ुल्फ़ों में हैं मैकदे की रातें ढलती
वो चाल, कि आकाश-कलस हिलते हैं
तलवों से क़यामतें हैं आँखें मलती

क्या तेरे खयाल ने भी छेड़ा है सितार
सीने में उड़ रहे हैं नग़मों के शरार
ध्यान आते ही साफ़ बजने लगते हैं कान
है याद में तेरी वो खनक वो झंकार

---

1. रूप की नर्मी 2. गोरापन 3. मस्त चाल

गोरे माथे की ये सुहानी महताब
लेती है रगों में करवटें रूहे-शबाब,
जुल्फ़ों में ढल रही है मैख़ाने की रात
आँखों से छलक-छलक सी जाती है शराब

महरम से छन रही है जोबन की धूप
ये नर्म दमक मुखड़े की सज-धज है अनूप
एक हूक सी उठ जाती है लग जाती है आग
कोयल की कूक लहलहाता हुआ रूप

खिलती कली, मुस्कुराते होंठों की महक
मँडलाती हुई घटायें अलकों की लटक
जोबन के मधु-कलस भी छलके-छलके
माथे के चन्द्रलोक की नर्म दमक

बालों में खुनुक[1] सियाह रातें ढलतीं
गालों की शफ़क़[2] की ओट शम्मएँ जलतीं
तारों की सरकती छाँव में बिस्तर से
एक जाने बहार उठती है आँखें मलती

---

1. शीतल 2. लालिमा

लहराये सरों से सरके-सरके आँचल
मँडलाये गेसुओं के काले बादल
ये किसने प्रेम के तराने छेड़े
रौशन होते चले हैं गालों के कंवल

मेरे मुँह से मेरे तराने सुन ले
अलफ़ाज़ के साज़ से, वो शोले दहके
रुख़सार तहे-नक़ाब[1] जगमग-जगमग
दीपक-गाने से जैसे जल जायें दीये

पहले मिसरे में हुस्न का ख़त्ते-जबीं[2]
और दूसरे मिसरे में लटों की तजईं[3]
चौथा हो निकलता हुआ यूँ तीसरे से
जैसे भीगी मसें हों अबरू से[4] हसीं

हर बैत के ठाठ में समुन्दर लहराय
हर लफ़्ज में वो लचक कि बिजली बल खाय
उर्दू को शगुफ़्तगी[5] मिली वो मुझ से
पिछले को कंवल फ़िज़ा का जैसे खिल जाय

---

1. मुख पट के भीतर 2. माथे की रेखा 3. शृंगार 4. भवों से 5. खिलावट

आँखें हों तो देख इन तरानों का कमाल
अलफाज़ के ज़ीरो-बम[1] से उड़ता है गुलाल
औरों के यहाँ कहाँ ये तेवर, ये रचाव
क्या ये क्या कर दिया है उर्दू का जमाल[2]

लै में मेरी गूँजता है सूरज-मंडल
मेरे सोज़ें-दरूँ[3] में पड़कर हुई हल
दुनिया में जब आदमी ने आँखें खोलीं
उस वक्त से आज तक की तारीख़े-मिलल

सुब्हे-सादिक़[4] में जैसे गुलज़ारे-जहाँ
बेदारियो-ज़िन्दगी[5] का देता है निशाँ
आता है नज़र मेरे तरानों में यूँ ही
अँगड़ाइयाँ लेता हुआ हुस्ने-जानाँ

है ग़ाज़ये-रुए-दोस्त[6], शायर का ख़याल
जज़्ब इसमें मशाहदे[7] के बीसों महो-साल
जलवा-गहे हुस्न, हर तराना है मेरा
आईना दर आईना है ये बज़्मे-जमाल

---

1. उतार-चढ़ाव 2. सुन्दरता 3. भीतरी आग 4. वास्तविक प्रभाव 5. जागरण तथा जीवन
6. मित्र या प्रेयसी के मुख का गाज़ा 7. अनुभव, निरीक्षण

कर ऐ गुले-ताज़ा कुछ तो शायर का भी पास
मेराज[1] है आबो-गिल[2] की रूहे-हस्सास[3]
क्या से क्या कर दिया है पैकर[4] को तेरे
पहले था कहाँ ये रंग, ये रस, ये बास

जुज़[5] मेरे ये रंगे-हुस्न उछाले किसने
साँचे में ये ख़त्तो-ख़ाल ढाले किसने
साज़े-बे नग़मा था, ये जिस्मे रंगीं
इस साज़ से ये बोल निकाले किसने

हर अंग के जाविये[6], लचकते माहे-नौ[7]
क़ामत[8] का तनाव थरथराती हुई लौ
सीने की दमक में सुब्हे-जन्नत का तुलूअ[9]
महरम के घाट पै वो फटती हुई पौ

पैग़म्बरे-इश्क़ हूँ समझ मेरा मक़ाम
सदियों में फिर सुनाई देगा ये पयाम
वो देख कि आफताब सज़दे में गिरे
वो देख उठे देवता भी करने को सलाम

❑ ❑ ❑

---

1. पराकाष्ठा 2. मिट्टी-पानी 3. स्वाभिमानी आत्मा 4. शरीर 5. सिवा 6. कोण 7. नये चाँद
8. शरीर 9. उदय

राजपाल एण्ड सन्ज़ की स्थापना एक शताब्दी पूर्व 1912 में लाहौर में हुई थी। आरम्भिक दिनों में अधिकतर धार्मिक, सामाजिक और देश-प्रेम की पुस्तकें प्रकाशित होती थीं और हिन्दी के अतिरिक्त अंग्रेज़ी, उर्दू व पंजाबी भाषा में भी पुस्तकें प्रकाशित की जाती थीं।

1947 में भारत-विभाजन के बाद राजपाल एण्ड सन्ज़ को नए सिरे से दिल्ली में स्थापित किया गया और साहित्यिक पुस्तकों के प्रकाशन का आरम्भ हुआ। रामधारी सिंह दिनकर, महादेवी वर्मा, बच्चन, अज्ञेय, शिवानी, आचार्य चतुरसेन, विष्णु प्रभाकर, राजेन्द्र यादव, मोहन राकेश, रांगेय राघव, कमलेश्वर और अन्य साहित्यिक लेखकों की कृतियाँ यहाँ से प्रकाशित होने लगीं। राजपाल एण्ड सन्ज़ से प्रकाशित *मधुशाला, कुरुक्षेत्र, मानस का हंस, आवारा मसीहा, कितने पाकिस्तान, आषाढ़ का एक दिन* जैसी पुस्तकें हिन्दी साहित्य की 'क्लासिक पुस्तकें' मानी जाती हैं और आज भी लोकप्रियता के शिखर पर हैं। भारत के राष्ट्रपतियों और प्रधानमंत्रियों की पुस्तकें प्रकाशित करने का गौरव भी राजपाल एण्ड सन्ज़ को प्राप्त है। नोबेल पुरस्कार से सम्मानित अर्थशास्त्री डॉ. अमर्त्य सेन की सभी पुस्तकों के हिन्दी अनुवाद यहाँ से प्रकाशित हैं। अन्तरराष्ट्रीय चर्चित पुस्तकों के अनुवाद, विश्वविख्यात कोशकार डॉ. हरदेव बाहरी द्वारा सम्पादित 'राजपाल' शब्दकोशों की शृंखला और किशोरों के लिए सैकड़ों पुस्तकें राजपाल एण्ड सन्ज़ से प्रकाशित हुई हैं।

पाठकों के स्वस्थ और सुरुचिपूर्ण मनोरंजन और ज्ञानवर्धन के लिए समर्पित राजपाल एण्ड सन्ज़ से हिन्दी और अंग्रेज़ी में पुस्तकें प्रकाशित होती हैं जो देश के सभी बड़े पुस्तक-विक्रेताओं और विश्व भर के ऑनलाइन विक्रेताओं के यहाँ उपलब्ध हैं।

राजपाल एण्ड सन्ज़

1590 मदरसा रोड, कश्मीरी गेट, दिल्ली-6, फोन: 011-23869812, 23865483
email: sales@rajpalpublishing.com, facebook: facebook.com/rajpalandsons
website: www.rajpalpublishing.com

ख़ैयाम की मधुशाला

बारहवीं शताब्दी के फ़ारसी शायर उमर ख़ैयाम की रुबाइयों का, जिनमें मनुष्य जीवन की भंगुरता तथा अर्थहीनता को बड़े प्रभावी शब्दों में व्यक्त किया गया है, विश्व साहित्य में महत्त्वपूर्ण स्थान है। सात सौ वर्ष बाद उन्नीसवीं शताब्दी में एडवर्ड फिट्ज़जरेल्ड ने इसकी चुनी हुई रुबाइयों का अंग्रेज़ी अनुवाद किया तो दुनिया भर में उसकी धूम मच गयी। यह दरअसल एक नयी चेतना, एक दर्शन था जिससे सभी प्रबुद्ध जन प्रभावित हो रहे थे।

युवा कवि बच्चन भी इससे प्रभावित हुए बिना नहीं रहे और उन्होंने न केवल इसका अपना स्वतंत्र अनुवाद प्रस्तुत किया, बल्कि हिन्दी के प्रभावाधीन 'मधुशाला' लिखी जिसका हिन्दी कविता में सदा के लिए अमिट स्थान बन गया। उनके अनुवाद के अनेक संस्करण प्रकाशित होकर लोकप्रिय हो चुके हैं। इसमें फिट्ज़जरेल्ड की मूल अंग्रेज़ी भी है जिससे इसका महत्त्व और भी बढ़ जाता है।

इसकी लम्बी भूमिका भी महत्त्वपूर्ण है जिसमें कवि ने ख़ैयाम तथा उनकी शायरी के रोमांचक इतिहास को रेखांकित किया है। उन्होंने बताया है कि शायर की इसमें प्रस्तुत भावनाएँ वस्तुतः भारतीय चिन्तन के उन पर प्रभाव का परिणाम हैं — जो उन दिनों फ़ारस में अपना स्थान बना चुका था।

ISBN: 9788170284253

पृष्ठ: 128

सरगम

मशहूर शायर फ़िराक़ गोरखपुरी की चुनी हुई बेहतरीन ग़ज़लों का संकलन है *सरगम* । इसमें सम्मिलित ग़ज़लें फ़िराक़ साहब ने स्वयं चुनी थीं। फ़िराक़ से पहले उर्दू शायरी में करुण और शान्त रस का ऐसा अनोखा संगम कभी-कभार ग़ालिब और मीर जैसे महान शायरों की शायरी में ही देखने को मिलता है ।

सरगम की ग़ज़लों में प्रेम और सौन्दर्य के सम्बन्धों और प्रतिक्रियाओं की जो अनुगूँजें सुनाई देती हैं वे मन की गहराइयों में उतर जाती हैं । इन अनुगूँजों में संगीत है, सहजता है और धरती की सुगन्ध भी है ।

उर्दू शायरी के इतिहास में फ़िराक़ गोरखपुरी का आगमन एक युगान्तरकारी घटना के रूप में दर्ज है। उर्दू शायरी की लगभग ढाई सौ साल पुरानी परम्परा का पूरा-पूरा ध्यान रखते हुए उसे एक नई आवाज़, नया स्वर देना फ़िराक़ की कलम का सबसे बड़ा योगदान है।

ISBN: 9789350643648
पृष्ठ: 208

कारवाने ग़ज़ल

हर जुबान से सबसे मीठी बातें होती हैं प्यार-मोहब्बत की, और जब ये उर्दू जुबान में कही जायें तो इन्हें 'ग़ज़ल' कहा जाता है। ग़ज़ल एक ख़ास किस्म की काव्य-विधा है जिसकी शुरुआत अरबी साहित्य में पायी जाती है। अरबी से जब ग़ज़ल फारसी में आयी तो इसमें सूफीवाद और अध्यात्म भी जुड़ गये; और हिन्दुस्तान की सरज़मीं पर आते-आते ग़ज़ल की जुबान उर्दू हो गयी। हिन्दुस्तान में कहाँ पर ग़ज़ल की शुरुआत हुई, उत्तर भारत या दक्कन में, इस पर विवाद है। शुरुआत कहीं भी हुई हो, लेकिन हिन्दुस्तानियों ने ग़ज़ल को पूरी तरह से अपना बना लिया और इसे देवनागरी में भी लिखा जाने लगा। प्रतीकों और संकेतों के ज़रिये भावपूर्ण अभिव्यक्ति करने वाली ग़ज़ल में प्रेम और श्रृंगार के अलावा दर्शन, सूफीवाद, अध्यात्म, देशभक्ति, नैतिक सिद्धान्त सभी विषयों पर लिखा जाता है।

कारवाने ग़ज़ल में हिन्दी के नामी कवि और उर्दू के विशेषज्ञ, सुरेश सलिल, ने अमीर खुसरो से लेकर परवीन शाकिर तक, 173 चुनिंदा शायर और कवि जो अब हमारे बीच नहीं हैं, की ग़ज़लों का इन्द्रधनुषी गुलदस्ता सजाया है।

ISBN: 9789350643990

पृष्ठ: 352

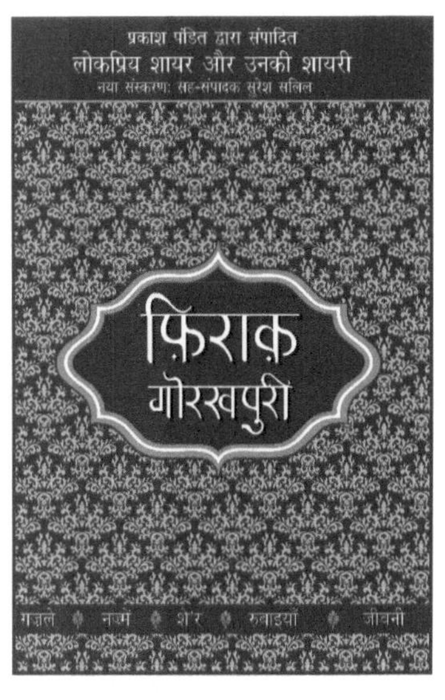

फ़िराक़ गोरखपुरी

'फ़िराक़' साहब ने अनगिनत ग़ज़लें, नज़्में, रुबाइयाँ, कत्ए इत्यादि लिखे हैं। समालोचक भी वह उच्चकोटि के थे लेकिन स्मरण वे सदा अपनी ग़ज़लों और ग़ज़लों के उन शे'रों के कारण किए जाएंगे जिनकी संख्या सैकड़ों तक पहुंचती है और जो निस्संदेह क्लासिक का दर्जा रखते हैं, उन्हीं शे'रों के कारण जिनमें तसव्वुफ ग़ज़ल की परम्परागत कथावस्तु से लेकर राजनीति और वर्ग-संघर्ष तक सभी कुछ है।

इस अत्यंत लोकप्रिय पुस्तक-माला की शुरुआत 1960 के दशक में हुई जब पहली बार नागरी लिपि में उर्दू की चुनी हुई शायरी के संकलन प्रकाशित कर राजपाल एण्ड सन्ज़ ने हिन्दी पाठकों को उर्दू शायरी का लुत्फ़ उठाने का अवसर प्रदान किया। इस पुस्तक-माला का संपादन उर्दू के सुप्रसिद्ध संपादक प्रकाश पंडित ने किया था। हर पुस्तक में शायर के संपूर्ण लेखन में से बेहतरीन शायरी का चयन है और पाठकों की सुविधा के लिए कठिन शब्दों के अर्थ भी दिए हैं। प्रकाश पंडित ने हर शायर के जीवन और लेखन पर—जिनमें से कुछ समकालीन शायर उनके परिचित भी थे—रोचक और चुटीली भूमिकाएं लिखी हैं।

ISBN: 9789350641972

पृष्ठ: 128

शायरी की अन्य चर्चित पुस्तकें

पाकिस्तान की शायरी

हिन्दुस्तानी ग़ज़लें

ये मेरी ग़ज़लें ये मेरी नज़्में

खानाबदोश

बशीर बद्र

कृष्ण बिहारी 'नूर'

अहमद फ़राज़

कैफ़ी आज़मी

शहरयार

निदा फ़ाज़ली

अमीर क़ज़लबाश

सभी पुस्तक विक्रेताओं और सभी
प्रमुख वेबसाइट पर उपलब्ध
www.rajpalpublishing.com